KB004212

불안과 걱정에서 나를 구하는 생각법

알고 싶어, 내 마음의 작동 방식

The Book of Knowing
by Gwendoline Smith
Copyrights ⓒ 2017 Gwendoline Smith

All rights reserved. No part of this book may be used or reproduced in any manner
whatever without written permission except in the case of brief quotations embodied in critical
articles or reviews.

Korean Translation Copyright ⓒ 2020 by Danielstone Publishing
Korean edition is published by arrangement with Allen & Unwin through BC Agency, Seoul

이 책의 한국어판 저작권은 BC에이전시를 통해 저작권자와 독점계약을 맺은 뜨인돌출판(주)에 있습니다.
저작권법에 의해 한국 내에서 보호를 받는 저작물이므로 무단전재와 복제를 금합니다.

불안과 걱정에서 나를 구하는 생각법
알고 싶어, 내 마음의 작동 방식

초판 1쇄 펴냄 2020년 7월 10일
    4쇄 펴냄 2022년 12월 12일

지은이 그웬돌린 스미스
옮긴이 장혜진

펴낸이 고영은 박미숙
펴낸곳 뜨인돌출판(주) | 출판등록 1994.10.11.(제406-251002011000185호)
주소 10881 경기도 파주시 회동길 337-9
홈페이지 www.ddstone.com | 블로그 blog.naver.com/ddstone1994
페이스북 www.facebook.com/ddstone1994 | 인스타그램 @ddstone_books
대표전화 02-337-5252 | 팩스 031-947-5868

ISBN 978-89-5807-763-3 02180

마음이 튼튼한 청소년

불안과 걱정에서 나를 구하는 생각법

알고 싶어,

내 마음의
작동 방식

그웬돌린 스미스 지음 | 장혜진 옮김

뜨인돌

일러두기

본문 중 ◆가 표시된 단어는 책 189쪽 〈용어 정리〉에 보충 설명되어 있습니다.

나의 사랑하는 친구 빌 워스폴드에게

차례

몇 년 전, 저는 '닥터 노우에게 물어보세요(askdoctorknow. tumblr.com)'라는 블로그를 시작했어요. 블로그를 하겠다는 생각은 멋진 여성이자 시인인 랭 리브 때문에 시작되었죠. 어느 날 저녁, 랭이 제게 물었어요. 자신의 블로그에 자해에 관해 질문하는 청소년들에게 무슨 말을 해 주어야 하냐고요.

저는 임상심리학자의 입장에서 몇 가지 조언을 해 주었어요. 그러자 랭이 말했어요. "선생님, 블로그를 하셔야 해요. 인터넷에 도움의 손길을 찾아 헤매는 청소년들이 너무 많아요." 그렇게 해서 닥터 노우(Dr. Know)가 시작되었어요.

블로그에는 점점 더 많은 사람들이 방문했어요. 어느 날 아침에는 일어나 보니 11,000개의 글이 올라와 있었죠. 어느 길로 가야 할지 몰라 방황하는 청소년들이 물밀듯이 들어왔어요. 감당하기 힘든 지경이었죠.

블로그가 잘되는 건 좋은 일이었지만 당장이라도 도움이 필요한 모든 청소년에게 일일이 답장하는 건 불가능했어요. 어느 날 동료가 말하더군요. 닥터 노우가 전 세계 청소년 정신 건강 서비스의 뇌관을 건드린 것 같다고요. 저는 청소년들이 맞닥뜨리고 있는 문제들을 해결할 수 있도록 다른 방법을 마련해야 한다는 사실을 깨달았어요.

그리고 그 결과가 바로 이 책이랍니다.

– 그웬돌린 스미스
(일명 닥터 노우, 임상심리학 박사)

← 들어가며

> 이 책은 세상 속 내 자리에 적응하고
> 편안해지는 방법을 가르쳐 줍니다.

어째서 내 감정인데 내 뜻대로 안 되는지 의문이 든 적이 있나요? 별문제 없이 잘 지내고 있다고 생각했는데 왜 뜻밖의 감정이 불쑥 튀어나와 뒤통수를 후려치는 걸까요? 새로운 사람들과 친해지려고 인사를 했을 뿐인데 갑자기 얼굴이 새빨갛게 달아오르는 건 도대체 왜죠? 그런가 하면 이럴 때도 있어요. 간신히 용기를 끌어모아 선생님에게 말을 꺼내려는데 속은 울렁대고, 얼굴은 불타는 것처럼 뜨겁고, 심장은 터질 듯이 쿵쾅대고, 머릿속은 하얘지고 다리까지 후들거려 결국 주저앉아 버려요. 남 얘기가 아니라고요?

저는 이러한 상황에서 여러분의 마음에 무슨 일이 벌어지는지 조금 더 명확하게 설명해 드리려고 해요. 무슨 일이 일어나는지 알면 자신을 조금 더 이해할 수 있고, 감정을 효과적으로 다루는 법을 배울 수 있지요.

그래서 저는 이 책에 생각을 다루는 실용적인 방법을 담았어요. 사는 데 꼭 필요한 기술이지요. 이를 통해 회복탄력성을 기르는 생각법을 배울 수 있어요. 회복탄력성이란 여러분을 괴롭히는 온갖 불필요한 **불안**◆을 다스릴 수 있게 해 주는 힘이에요.

저는 이 책에서 질병을 다루지 않아요. 세상을 향해 "여러분, 저 좀 보세요. 저는 **사회 불안 장애**◆가 있어요!"라고 외치라 부추기지 않는다는 거죠. 다만, 이 책을 읽으면 여러분은 이렇게 말할 수 있을 거예요.

> "나는 생각하는 법과 생각의 결과인
> 감정을 조절하는 법을 배우는 중입니다."

이 책의 핵심은 에런 벡 박사가 커다란 공헌을 한 **인지행동치료법**♦(Cognitive Behavioral Therapy)에 뿌리를 두고 있어요. 인지행동치료법은 기분 장애, **우울증,**♦ 불안 그리고 삶에서 느끼는 부정적인 감정들을 다루는 데 매우 효과적인 증거 기반 치료법이랍니다.

이 치료법은 정신 질환을 진단받은 사람들에게 도움이 되지만 삶이 너무 힘겹다고 느끼는 사람들에게도 문제를 예방하고 교정하는 효과가 있어요.

쉽고 재밌게 정보를 흡수할 수 있도록 책의 첫 장부터 끝까지 재치 있는 그림을 곁들였어요. 여러분이 즐겁게 배우며 많이 웃기를 바랍니다.

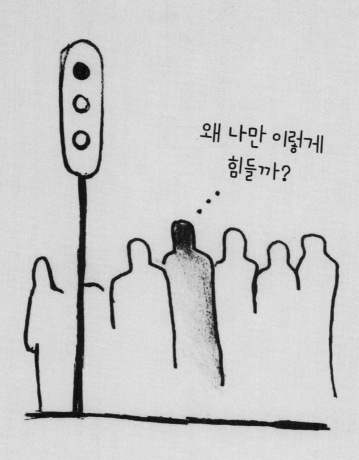

대학교 때 저는 철학과 근처에도 안 가 봤어요. 물론 심리학을 전공했지만, 공부 말고 다른 데에 열정을 불태우느라 바빴거든요. 당구에 빠졌죠.

그런데 인지행동치료법을 공부하기 시작한 이후로, 저는 소크라테스라는 남자에게 푹 빠져 버렸어요. 맞아요, 저의 최애 철학자는 소크라테스예요. 소크라테스는 까마득히 먼 옛날, 기원전 470년경 태어난 인물로 당시로서는 무척 획기적인 주장을 했어요. (인터넷은 꿈도 못 꿀 시절이죠.)

소크라테스가 주목한 것은 '이성'이라는 개념이었어요. 올바르게 갈고 닦는다면 이성은 인생의 모든 면을 통제할 수 있으며, 마땅히 통제해야 한다고 믿었지요. 하지만 이렇게 시대를 앞서간

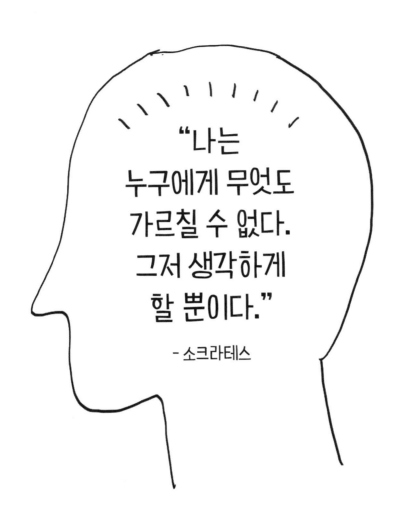

"나는
누구에게 무엇도
가르칠 수 없다.
그저 생각하게
할 뿐이다."

- 소크라테스

빛나는 지성이었던 탓에 소크라테스는 독배를 마시고 사형당했어요. 죄목은 당시 그리스가 인정하던 신을 받아들이지 않고 젊은이들을 '타락'시켰다는 것. 저는 '계몽'이라 부르고 싶지만요.

소크라테스는 당대의 가장 빼어난 지식인이었어요. 그는 절대 제자들을 '가르치려' 하지 않았어요. 그건 자신의 믿음을 주입하는 일이라 생각했거든요. 제자들도 꺼렸고요.

대신 그는 제자들이 스스로 답을 찾을 수 있도록 이끌어 주려고 했어요. 그리고 이를 위해 '문답법(Socratic Questioning)'이라는 방법을 사용했어요. 문답법은 상대의 생각에서 추측과 검증되지 않은 믿음을 찾아낸 다음, 그 믿음이 의미하는 바를 생각하도록 계속 질문하는 방법이에요. 모든 질문은 답변이 이치에 맞는지 시험하는 것이고요.

이렇게 질문을 던지는 방식은 법학 수업(과 법정 드라마 대본)의 근간이 되었고, 1960년대 들어서는 인지행동치료법 같은 심리치료 분야에도 도입되었어요. 덕분에 저도 문답법에 관심을 갖게 되었죠.

소크라테스의 문답법에서 규정하는 대로 저는 상담 현장

왜 우리는 여기 있을까?

왜 나는 살아 있을까?

왜 나는 이럴까?

왜 나는 저 사람들처럼 될 수 없을까?

왜 나야?

왜? 왜? 왜?

에서 '언제' '어디서' '무엇을' '어떻게'라는 질문을 끊임없이 던져요. 다만 '왜'라는 질문은 깊이 파고들지 않기로 했어요. 경험상 '왜'라는 질문은 모든 곳으로 뻗어 나가다 결국 어느 답에도 이르지 못하기 마련이거든요.

영국의 생물학자 찰스 다윈은 '적자생존, 가장 적합한 생물만이 살아남는다'란 말을 했죠. 이 말은 사실 '적응을 가장 잘한 생물이 살아남는다'는 뜻이에요. 여기서 제가 전하고픈 핵심은 우리는 적응하는 법을 배워야 하고, 배울 수 있다는 점이에요.

바퀴벌레를 보세요. 3억 2천만 년 전부터 온 지구를 활보하며 공룡의 탄생부터 멸종까지 다 지켜봤어요. 그리고 오늘날에도 여전히 우리 주변을 돌아다니며 새로운 살충제가 나오는 족족 견뎌 내고 있죠. 이것이 바로 적응이에요!

진화란 적응이다.

답 : 이유 없음

그건 원래 그러니까. 적응할 것!

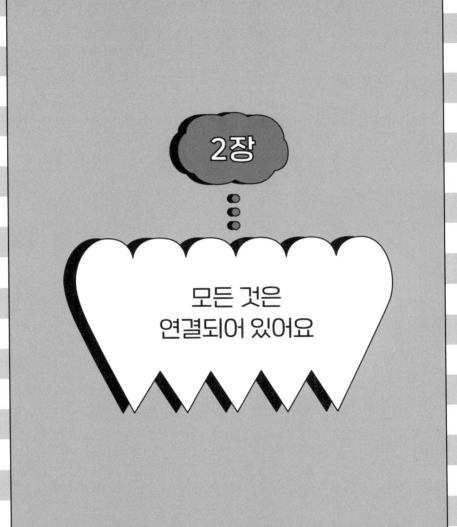

2장

모든 것은
연결되어 있어요

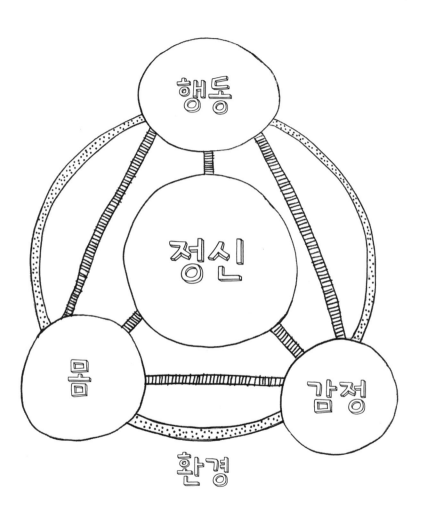

왼쪽 그림은 제가 강의를 할 때 제일 먼저 칠판에 그리는 그림이에요. 인지행동치료법의 기초와 그 작동 방식을 설명하는 일반적인 도표이죠. 단순하지만 잘 들여다보면 이걸 고안한 에런 벡 박사의 천재성이 돋보여요. 부디 에런 벡 박사께서 허락해 주시길 바라며 이제 제 나름의 방식으로 이 도표를 설명해 볼까 해요.

가장 먼저 기억해야 할 점은 우리의 머리가 어깨에 붙어 있다는 것, 즉 몸과 연결돼 있다는 점이에요. 그뿐 아니라 뇌는 모든 것을 담당해요. 괜히 몸의 본부(headquarters)라 불리는 게 아니죠.

우리의 모든 신체 감각(몸), 우리가 하는 모든 일(행동), 느끼는 모든 것(감정) 그리고 생각(정신)은 전부 뇌와는 떼려야 뗄 수 없는 관계로, 서로 긴밀히 연결돼 있어요. 또 이 모든 것은 우리를 둘

러싼 세계(환경)와 상호 작용하고요.

> 사실 '나는 곧 뇌이다'라고 해도 무방하지요.
> 하지만 사람들은 '내겐 뇌가 있다'라고 말하는 편을 좋아해요.
> '나'는 자아이고 자아는 별개의 독립체라고 굳게 믿는 까닭이죠.
> 이 별개의 독립체에 영혼이 존재한다고 생각하고요.
> 이런 논의를 하려면 따로 책 한 권은 써야 할 테니 넘어갈게요.

'몸'에서 시작된 일들

앞의 그림에서 몸이란 인간의 생리, 다시 말해 신체와 관련된 모든 것을 말해요. 다리, 손, 발가락, 가슴, 치아처럼 눈에 보이는 것은 물론이고 호르몬, 신경 전달 물질, 염색체, 생화학 물질, DNA 등 눈에 보이지 않는 것들도 포함되죠. 우리는 우리 몸에 대해 속 속들이 잘 알고 있는 것 같지만 실은 아직 밝혀지지 않은 것들도 무척 많아요.

오른쪽 그림은 어떤 위험 상황에서 우리 몸이 보이는 반응,

생존 반응

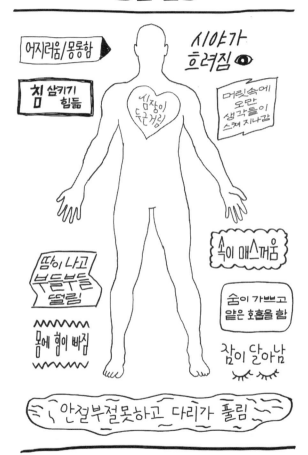

어지러움/몽롱함

시야가 흐려짐

침 삼키기 힘듦

심장이 두근거림

머릿속에 오만 생각들이 스쳐 지나감

땀이 나고 부들부들 떨림

속이 매스꺼움

몸에 힘이 빠짐

숨이 가쁘고 얕은 호흡을 함

잠이 달아남

안절부절못하고 다리가 풀림

투쟁/도피/경직

즉 '생존 반응'을 나타냅니다. 위험에 맞닥뜨리면 인간의 몸은 공격할 것인지(투쟁), 도망칠 것인지(도피), 눈에 띄지 않도록 굳어 버릴 것인지(경직) 결정해 그에 맞춰 반응할 수 있도록 준비해요. 불안감을 느낄 때도 같은 반응을 보이지요.

예컨대 독감에 걸려 몸이 아프면 독감과 관련된 여러 신체 증상을 겪어요. 재채기, 기침, 콧물, 코막힘 같은 것들이죠(몸).

그러면 이에 대한 반응으로 여러분은 아마 방으로 가서 옷을 껴입을 거예요(행동).

그러고는 침대에 누워 밖에도 못 나가고 좋아하는 일도 못하게 되니 우울한 기분이 들어요(감정). 그렇게 누워만 있다 보면 이따금 나만 뭔가 놓치고 있는 건 아닐까 불안하기도 하죠. 이런 불안을 느끼는 것은 흐름을 놓치거나 소외되는 것에 대한 불안 증상, 포모 증후군(FOMO Syndrome)이라고 해요. 그뿐인가요? 어떻게 친구들은 한 명도 코빼기를 안 비출까 하는 생각도 들어요. 그러면 마음이 쿵 하고 내려앉고, 더 비참한 기분에 빠져 버리죠(감정).

자, 이제 몸과 정신, 감정, 행동, 환경, 모든 것이 연결돼 있다는 말이 무슨 뜻인지 이해가 되기 시작했나요?

'행동'에서 시작된 일들

이번엔 운동을 예로 들어 볼게요. 여러분이 체육 시간을 좋아해서 일주일에 몇 번씩 달리기를 한다고 가정해 볼까요. 그런데 어느 날 달리기(행동)를 하다가 발목을 삐끗하는 바람에 깁스를 해야 했어요(몸). 당분간 운동을 접어야 한다는 뜻이었죠. 그러자 이제 나는 살도 찌고 몸이 엉망이 될지 모른다는 걱정이 스멀스멀 피어올라요(정신). 이런 생각이 들면 마음이 괴롭고 불안해지죠(감정).

운동을 하면 몸에서 엔도르핀이라는 물질이 분비돼요. 엔도르핀은 감정에 긍정적 영향을 줍니다. 그런데 달리기를 못 하면 엔도르핀 생성이 안 되고, 운동이 주는 다른 신체적 혜택도 없어져요(몸). 그러면 곧 '나는 뚱땡이가 되고 말 거야'라는 걱정에 휩싸여 버리지요(감정).

행동이 모든 것과 연결돼 있다는 게 이해되시죠?

___감정에 사로잡힌 우리들

감정에 대한 문제는 갈수록 심각해지고 있어요. 온갖 기분 장애와 약이 있어요. 불안 장애, 우울증, 양극성 기분장애(조울증)… 감정을 끌어올리는 약, 가라앉히는 약, 기분을 일정하게 유지하는 약, 매사에 무디게 하는 약. 어떤 증상이든 말만 하면 그에 딱 맞는 약들이 존재할 정도랍니다. 우리는 이렇게나 감정에 사로잡혀 있지요.

하지만 새삼스럽지는 않아요. 오래전부터 대부분의 문화권에는 인간의 의식 상태를 바꾸어 감정 변화를 일으키는 약들이 있었어요. 아편, 마리화나, LSD 같은 마약이나 술, 담배 등이 길고도 유구한 역사를 자랑하죠. 하지만 어떤 이들이 약을 제조해서 불법적으로 수십억 달러를 벌거나, 대자연의 정원에서 자란 것들을 악용하고 우리가 그런 상황들을 제어해야만 하는 상황이 온 것은 그리 오래되지 않았죠.

인간이 감정 문제에 사로잡혀 있다는 걸 보여 주는 또 다른 증거는 바로 예술이랍니다. 사랑 시, 우울한 시, 이별을 노래하는 음악, 깊은 상실을 담은 소설, 그림, 코미디, 무용…. 예술의 세계는 정말 넓고 깊지요.

저는 이 모든 삶의 모습들을 사랑해요. 하지만 과학적으로 보면, 감정은 그저 신경 전달 물질과 호르몬의 작용일 뿐이에요. 신경 전달 물질과 호르몬은 감정 조절 체계, 도파민, 세로토닌, 아드레날린, 또 이외의 온갖 잡다한 것들의 분비에 모두 관여해요. 이렇게 복잡하기 이를 데 없는 시스템은 어느 하나가 너무 많아도, 다른 하나가 너무 적어도 쉽게 고장 날 수 있어요.

뇌도 연료가 떨어지면 능력을 다 발휘할 수 없어요. 그런데 제가 매번 놀라는 것은 이럴 때 사람들은 욱하고 분통을 터뜨린다는 점이에요. 우울증이 바로 그 예죠. 우울증 환자가 처음 제 상담실에 오면 웬만해선 자신이 우울증 환자라는 사실을 인정하려 하지 않아요. 보통 이렇게들 말하죠. "제가 우울증일 리 없어요. 우울증 환자이고 싶지 않아요. 절대 우울증이어선 안 돼요."

그뿐인가요. 일이나 공부를 잠시 쉬는 게 좋겠다고 제안하면 "그럴 시간 없어요"라고 하는 분들이 많아요. 그런데 만약 교통 사고가 크게 나서 다쳤고, 허리를 치료해야 한다면 어떨까요? 휴식과 요양이 필요하다는 데 한 치의 의심도 없지 않을까요?

> 뇌는 우리 몸의 모든 기관 중에서 가장 복잡하고 섬세해요.
> 뿐만 아니라 나머지 기관들을 모조리 책임지고 있죠.
> 그런데도 뇌가 아플 수 있다고는 잘 생각하지 않아요.
> 정말 이상하지 않나요?

저는 정신 건강과 정신 질환에 붙은 낙인에 대해 연구를 하고 있어요. '낙인'이란 한번 받으면 씻기 어려운, 나쁜 평판이나 인식을 뜻해요. 제 경험에 비추어 볼 때, 정신 질환에는 두 가지 형태의 낙인이 존재해요.

첫 번째는 내부적 낙인이에요. '난 패배자야' '난 약해 빠졌어' 같은 생각이죠. 두 번째는 외부적 낙인과 그로 인한 공포예요. '나한테 정신병이 있는 걸 알면 사람들이 뭐라고 생각할까?' '다들 미쳤다고 생각하겠지' '직장에서 잘리면 어떡해!' 기타 등등. 다시

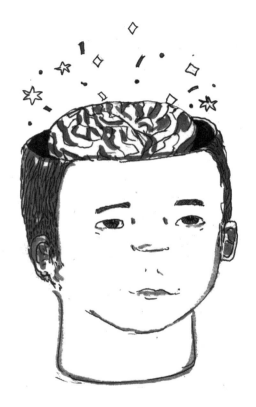

뇌는 모든 기관 중에서 가장 복잡하고 섬세해요.

말하지만 허리가 부러진 거라면 이런 생각은 애초에 하지도 않을 거라고요!

당연히 이러한 낙인은 사람들이 필요한 치료를 지속적으로 받는 데 엄청난 걸림돌이 됩니다. 치료를 제대로 받지 못하면 건강을 유지할 수 없게 되고요.

뇌가 탈진 상태에 이르면 뇌의 화학 작용에 문제가 생깁니다(몸). 오랜 시간 연속으로 일을 하거나 공부를 하면 잠 잘 시간이 부족해지고, 수면의 질도 좋지 않죠(행동, 몸). 잠이 부족해지면 기분이 가라앉고(감정) 주의력과 집중력에도 영향을 끼쳐요(정신, 몸).

집중이 안 된다는 답답한 생각이 들면 아드레날린이 더 많

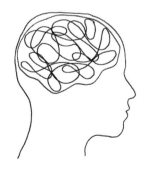

뇌의 구조는 말도 못 하게 복잡하답니다.
고장 날 수도 있고
또 실제로 고장 나는 건 당연해요!

이 분비되고(몸), 아드레날린이 분비되면 마음이 괴로워져요(감정).
이렇게 몸과 행동, 정신, 감정이 함께 소용돌이치고, 각각이 도미노
처럼 꼬리에 꼬리를 물며 서로에게 영향을 끼치죠.

정신

이 책의 목적에 비추어 보면 정신이야말로 인간에게 있어 가장 중요한 것이라고 할 수 있어요. 정신은 생각, 믿음, 가치, 태도, 창의력, 소통 등을 모두 포함해요.

특히 '생각'은 뇌에서 일어나는 몹시 난해하고 극도로 복잡한 과정이에요. 생각을 통해 우리는 세상을 이해하고 해석하며, 동시에 세상과 협상할 수도 있어요. 따라서 이 복잡한 과정을 이해하고 적응하는 능력이 꼭 필요해요. 적응은 생존에 꼭 필요한 핵심이니까요. 앞에서 본 도미노 소용돌이, 기억나시나요? 여기에 도미노 조각 오조오억 개를 더하면 '생각'이라는 이 경이로운 네트워크와 손톱만큼은 가까워졌다고 할 수 있을지도 모르죠.

다시 앞서 살펴본 독감에 걸렸을 때의 예로 돌아가 봅시다.

독감에 걸린 지 사흘이 지났어요. 여러분은 아직 침대에 꼼짝없이 누워 있죠. 기침에 재채기를 해 대며 이따금 거친 숨도 몰아쉬어요. 콜록콜록, 에취!(몸). 약 상자를 열어 기침약을 손에 쥐는데 체중계가 눈에 들어오네요. 체중계에 올랐더니(행동), 아이고! 몸무게가 늘었어요(몸). 이유야 뻔하죠. 좋아하는 운동을 못해 울적해진 마음을 달래려고 초코 아이스크림과 피자를 먹은 탓이에요(행동, 몸).

여러분은 속으로 생각해요. '헐, 뚱땡이! 이렇게 뚱뚱할 거

면 못생기지나 말던지. 몸이 눈덩이처럼 계속 불어날 게 틀림없어! 아는 사람 중에서 내가 제일 뚱뚱할 거야! 이건 재앙이야. 난 내가 싫어. 이젠 집 밖으로 한 발짝도 못 나간다고!'(정신)

여기까지 생각이 이르자 10억 분의 1초 만에 끔찍한 기분에 사로잡혀 감정은 지하 1,000km까지 곤두박질치고 스스로 만든 네버엔딩 체중 증가 시나리오 때문에 불안감이 솟구칩니다(감정).

여러분은 방으로 돌아가 휴대폰을 끄고(행동) 울기 시작해요(감정, 몸). 그러곤 생각하죠. '내 인생은 쓰레기야!'(정신) 이런 생각의 소용돌이는 무한히 반복될 수 있어요. 도미노 한 조각이 넘어지면 연이어 부정적인 생각이 이어지고, 부정적인 생각이 늘어나면 고통은 더 커지죠. 짧은 이야기지만, 모든 행동, 감정, 신체적 반응을 이끌어 내는 생각의 힘이 잘 느껴지죠?

> 그러니까 이 이야기는 어떻게 생각하는지가
> 무엇을 느끼느냐를 결정한다는 거예요.
> 그렇다면 생각하는 법을 이해하면 감정을 다룰 수 있겠죠.

지금까지 살펴보았듯이 몸, 행동, 감정, 정신 이 4개의 영역은 내가 누구인지를 정의하는 요소예요. 4개 영역 모두가 서로가 서로에게 영향을 주죠. 절대 단독으로 작동하는 법이 없어요. 왜냐고요? 다시 한번 말하지만 머리는 몸에 붙어 있으니까요!

3장

'가나다라'만큼 간단한
ABC모델

선행 사건
(Activating event)

- 실제 사건/현실
- 사건에 대한 즉각적 해석

신념
(Belief system)

- 사건에 대한 평가
- 합리적 신념
- 비합리적 신념

결과
(Consequences)

- 감정
- 행동
- 신체 감각

ABC모델은 가나다라를 읊는 것만큼이나 간단해요. 이 모델은 합리정서행동치료법을 만든 앨버트 엘리스가 처음으로 고안한 것이랍니다. '합리정서행동치료법'이란 인간이 객관적인 사실이 아니라 그에 대한 관점으로 혼란스러워 하는 것을 수정하는 데 도움을 주는 상담 이론이에요. 왼쪽에 있는 것이 바로 이 치료법에서 중요한 ABC모델이랍니다. 우리 인간이 무언가를 생각하고 반응하는 과정을 설명해 주지요.

ABC모델에서 선행 사건(A)은 발생한 사건, 그러니까 우리가 마주한 현실을 말해요. 반응을 일으키기에 앞서 뇌가 이 현실을 평가하죠.

신념(B)은 우리가 가진 모든 믿음들이 이룬 체계입니다. '신념'이란 '굳게 믿는 마음'을 뜻하는 말이지요. 신념에는 (도움이 되고 현실에 기초한) '합리적인 신념'과 (감정적이고 도움이 되지 않는) '비합리적인 신념'이 있어요. 우리는 이 합리적 혹은 비합리적 신념을 바탕으로 사건에 어떻게 반응할지를 생각하고 결정해요. 즉, 사건에 대한 우리의 반응을 결정하는 것은 사건 그 자체가 아니라 바로 이 신념을 바탕으로 한 우리의 생각이지요.

결과(C)는 신념, 즉 생각의 결과로 나타나는 반응입니다. 몸의 변화, 감정, 행동 등을 말하죠.

우리가 마음의 상태라 느끼는 것은 결과(C)이죠. 자, 마음이 생각으로 작동된다는 것을 알았으니, 이제 왜 마음이 괴로운 것인지 그 원인을 좀 더 자세히 알아볼까요?

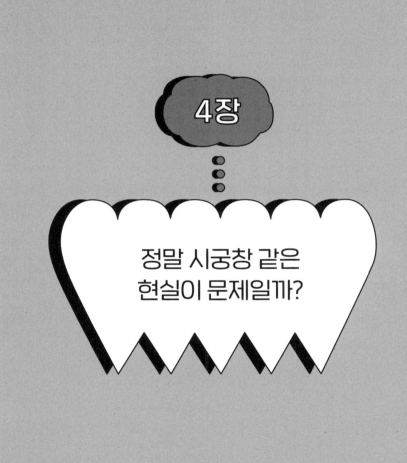

이야기를 시작하기에 앞서 강조하고 싶은 것이 있어요. 마음이 괴로울 때, 문제의 핵심은 '현실'이 아니라는 점이에요. 제게 전문적인 상담을 받으러 온 많은 분들은 이렇게 가정해요. '내 인생은 엉망진창이고 지금 상황은 재앙이나 마찬가지야. 그러니까 도움을 구해야 할 문제는 바로 내 인생, 내 상황이야'라고요.

이것은 잘못된 가정이에요. 한 치의 의심도 없는 진실로 느껴지더라도 말이에요. 현실은 원래 그렇고 재수 없는 일이 일어나기 마련이에요.

셰익스피어의 작품 속에서 햄릿은 이렇게 말해요. "세상에는 좋은 것도 나쁜 것도 없다. 다만 생각이 그렇게 만들 뿐이다." 이렇게 상황을 어떻게 생각하느냐가 그 상황에 어떻게 반응할지를

인생이 내게 똥을 주었어.

결정해요. 다시 말해 여러분의 마음, 즉 반응을 좌우하는 것은 상황이 아니라 생각인 것이죠.

> 생각하는 법을 이해하면
> 감정을 선택할 수 있어요.

문제는 바로 이 반응이에요. 사람들이 치료를 받아야겠다고 마음먹는 것은 이 반응 때문이죠. 마음이 힘겨울 때(감정), 과민성 대장 증후군, 피로, 두통 같은 여러 신체 증상을 겪을 때(몸), 술독에 빠져 살거나 폭식을 하거나 도박에 빠지거나 걱정을 떨치지 못할 때(행동) 비로소 사람들은 전문가의 도움을 받아야 한다고 생각해요.

살아 있는 한 현실에선 개떡 같은 일이 끊임없이 일어나요. 저는 몇 년 전에 유방암 선고를 받았어요. 그게 현실이었죠. 두려웠어요. 하지만 화를 내고 자기 연민에 빠져서 이건 불공평하다고 온 우주를 향해 외쳐 봐야 아무것도 바뀌지 않아요. 팩트는 내가 암에 걸렸다는 것이었죠. 그래서 전 순리를 받아들이려 최선을 다했고,

담당 의사의 지시에 따르며 늘 웃었어요. 그리고 나중엔 이렇게 책도 썼고요. 현실에 대한 제 반응은 효과가 있었던 것 같아요. 7년이 지난 지금, 이렇게 지난 이야기를 담담히 하고 있으니까요.

그러니까 현실이란 원래 그런 법이에요. 놀이공원에 가려고 하면 비가 죽죽 내리고, 졸업식 가는 길엔 차가 퍼지고, 해외 여행이라도 가는 날엔 비행기가 연착돼요. 그야말로 수백만 가지 일들이 벌어지고 하나같이 엄청나게 불편한 장애물들이죠. 그때마다 우리는 마음이 무너지고, 눈앞이 캄캄하고, 실망스럽고, 화가 머리 끝까지 치솟으면서 갖가지 감정이 한꺼번에 밀려들어요.

> 현실은 바꿀 수 없어요.
> 현실은 원래 그런 법이니까요.
> 여러분이 적응해야 해요!

하지만 바꿀 수 있는 것도 있어요. '현실을 어떻게 생각하느냐'예요. 현실은 원래 그런 법이기 때문에 애초부터 현실을 바꾸는 것은 목표가 될 수 없어요. 그렇지만 여러분에게는 현실을 판단할

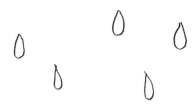

힘이 있지요. 이미 일어난 일, 일어나고 있는 일을 어떤 식으로 생각할지, 또 그 생각을 바탕으로 어떻게 반응할지 결정할 수 있어요.

　　놀이공원에 가기로 한 날 비가 오는 상황을 다시 생각해 볼까요? 여러분은 비에 젖은 생쥐 꼴로 엉엉 울고 소리치면서 세상을 원망할 수도 있어요. 하지만 스타일 끝내주는 레인코트에 엄청나게 멋진 우산을 맞춰 쓸 수도 있지 않나요?

언제 생각하는지, 어떻게 생각하는지,
무엇을 생각하는지, 현실을 어떻게 판단하는지가
우리의 감정과 행동을 만들어요.

그래 봐야 그냥 물이지. 뭐 대단한 일이라고!

생각의 내용은 무척 중요합니다. '어떻게 생각하느냐' 뿐만 아니라 '무엇을 생각하느냐' 역시 우리가 놓쳐선 안 될 부분이죠.

우리가 생각을 할 때, 특히 스스로에 대해 궁리할 때는 말이죠.
그 생각 하나하나는 자신과 나누는 대화랍니다.
토크 쇼라고도 할 수 있죠.

여러분의 생각은 긍정적이고 희망찬가요? 그렇다면 정말 다행이에요! 생각은 머릿속을 이리저리 돌아다니며 신념을 만들거든요. 신념은 우리 뇌 속에 길을 만들고, 이 길은 우리가 자기 자신, 타인과의 관계, 세상 속 내 자리에 대해 어떻게 느껴야 할지 인도해

내 머릿속의 토크 쇼

주는 역할을 해요. 만약 긍정적인 생각을 한다면 자신과 세상을 긍정적으로 바라보겠지요.

반대로 생각해도 마찬가지예요. 도미노를 반대 방향으로 쓰러뜨린다고 생각해 보세요. 자기혐오에 빠져 비관적인 생각을 하면 그 생각은 다른 부정적인 생각으로 줄줄이 이어져 스스로를 재단하는 평생의 습관으로 굳어져요.

물론 사고방식은 근원적으로 유전과 환경이 어떤 조합을 이루었는지, 또 이 둘이 평생에 걸쳐 어떻게 상호 작용하는지와 관련이 있어요. 이것을 연구하는 학문을 **후성 유전학**♦이라고 해요.

우리 뇌가 컴퓨터라면

우리의 뇌가 컴퓨터라고 생각해 볼까요? 그럼 아래와 같이 비유해서 말할 수 있을 거예요.

뇌에는 '하드 드라이브'가 있어서 아주 어릴 적부터 형성된 핵심 신념과 가치가 차곡차곡 쌓여 있어요. 어린 시절 겪은 일들, 롤 모델로 삼은 사람들, 가치 체계 같은 것들이죠.

그다음 '소프트웨어 패키지'에는 생활의 규칙과 태도가 저장되어 있어요. 이러한 규칙들은 생활 속에서 주로 '만약 이러면 저럴 거야'라는 생각의 형태로 나타나요. 우리는 꼬마였을 때부터 세상과 그 안의 사람들이 작동하는 방식을 익혔어요. '만약 내가 이

렇게 행동하면 엄마가 펄쩍 뛰실 거야' '만약 내가 이걸 해내면 엄마가 기뻐하시겠지' 하고 깨닫는 것들이죠. 이러한 규칙과 태도들은 우리가 우리를 둘러싼 환경과 협상할 수 있는 또 다른 중요한 도구 세트예요.

그리고 마지막으로 컴퓨터에는 '모니터'가 있지요. 우리 뇌를 컴퓨터에 비유한다면 모니터는 우리의 자동적 사고가 나타나는 곳이라고 볼 수 있죠. 자동적 사고란 우리가 일상생활에서 실제로 느끼고 인식하는 생각을 뜻해요.

비이성적 사고 바이러스

컴퓨터에 빗대어 계속 이야기해 볼게요. 컴퓨터에 바이러스가 있으면 컴퓨터는 고장이 나지요? 뇌가 자극에 반응하는 체계에 컴퓨터에서의 '바이러스' 같은 것이 있으면 우리는 비이성적 사고를 하게 돼요. 비이성적 사고는 과장된 감정을 만들어 내죠. 하지만 우리는 이 비이성적 사고를 사실이라 믿어요. 왜냐고요? 자기 생각을 안 믿는 게 더 이상하지 않나요?

인지 심리학

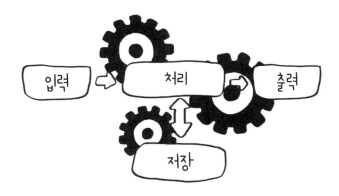

아침에 눈을 뜨자마자 '흠, 아무래도 전문가를 찾아가야겠어. 병원에 가서 돈을 쏟아부으며 내 생각이 진짜 사실인지 확인할 거야'라고 생각하는 사람은 없을 거예요. 걱정하지 마세요. 대부분의 경우, 뇌는 우리에게 정확한 사실 정보를 제공해요. 가령 의자가 있다고 해 봐요. 그럼 뇌가 알려 주죠. '의자에 앉으면 쉴 수 있어.' 문 앞에선 '저 문을 열면 옆방으로 갈 수 있어.' 빨간 신호등이 켜질 때는 '멈춰야 해.' 이렇게요.

자기 생각이 옳은지 확인하려고 심리 상담가를 찾는 사람은 없어요. 사람들이 전문 상담가를 찾는 이유는 신체적 느낌이건 정서적 느낌이건 바로 감정 때문이죠.

우리 인간이 자신이 경험한 현실을 진실이라 생각하는 유일한 이유는 우리가 뇌에 입력된 감각 정보를 믿기 때문이에요.

자신의 뇌가 주는 정보에 의문을 품을 이유가 없잖아요? 따라서 **비이성적 사고 바이러스**♦는 아무런 의심도 받지 않은 채, 우리가 자신과 세상을 생각하는 방식을 왜곡해요. 그리고 번번이 우리 마음을 불행과 불만족 속으로 밀어 넣어 버리죠.

인지행동치료법에서는 앞서 살펴본 비이성적 사고 바이러스를 '인지 오류' 또는 **인지 왜곡**[*]이라고 불러요. 저는 이 책에서 컴퓨터 바이러스에 빗대어 설명했고요.

이제부터 여러 유형의 인지 왜곡에 대해 알아보려고 해요. 하나하나 살펴보며 인지 왜곡이 우리의 생각에 어떤 식으로 영향을 끼쳐서 일상생활을 파괴하는지 설명할 거예요.

부정적 정신 여과

이 인지 왜곡은 이름이 곧 모든 것을 설명해요. **부정적 정신 여과**[*]란 어둡고 힘든 일만 통과시키는 필터를 통해 세상을 바라보

부정적 정신 여과는 세상에 대한 지각을 왜곡한다.

는 것을 의미해요. '장밋빛 안경'을 쓰고 세상을 보는 것과 정반대의 경우죠. 사실 장밋빛 안경도 그리 좋지는 않아요. 아무리 나쁜 상황에서도 늘 최선의 상황과 긍정적인 면만 보게 되기 때문에 때로는 불리하게 작용하거든요.

세상을 부정적으로만 인식하는 사고방식은 여러분을 무기력하게 만들어요. 어떤 생각을 하건, 무엇을 계획하건, 부정적 정신 여과가 그 일이 잘 안될 거라는 시나리오를 써 대며 사고를 흐리는 탓이에요. 그러면 끝없이 부정적인 생각만 곱씹게 되고 자신의 단점이란 단점은 죄다 떠올라 성공하지 못할 이유만 남게 돼요.

너무 힘들고 기운 빠지지 않나요? 매일 아침 눈을 뜨는 그 순간부터 아이디어를 떠올릴 때마다, 어딘가에 희망을 품을 때마다 이 사고방식은 찬물을 확 끼얹어요. 그뿐인가요. '그 사람이랑 한번 만나 볼까' 하는 마음이라도 들면 수만 가지 생각이 천둥처럼 우르릉대며 '네 주제에? 꿈도 꾸지 마셔!'라고 기운을 꺾고 말죠.

여기서 우리가 기억해야 할 것은 이 모든 건 단지 생각일 뿐이라는 점이에요. 여러분 머릿속에서 떠오른 내용이지, 실제 세상에선 일어나지 않았어요. 부정적 정신 여과 때문에 흐려진 인지 작용이라고요. 그런 생각을 무조건적으로 믿으면 거기에 갇혀 버려요.

하지만 다른 선택지도 있어요. 바로 이 인지 왜곡을 믿지 않는 것이죠.

이제 이런 인지 왜곡들을 하나씩 알아보면서 어떻게 대처하고 생각해야 할지 방법을 가르쳐 드릴게요.

내가 보는 나의 모습.
자신과 세상을 바라보는 시각은 스스로의 사고방식을 반영한다.

TIP 1   부정적 정신 여과에 대처하는 법

- 큰 그림을 본다고 생각하고 다른 모든 사실을 함께 떠올려 보세요.
- 부정적인 면에만 지나치게 집중한 나머지 긍정적인 면을 놓친 건 아닌지 생각해 보세요.
- 문제에 접근하는 좀 더 균형 잡힌 방법을 찾아보세요.

이분법적 사고

이분법적 사고⁺는 다른 말로 **흑백 논리**⁺라고도 해요. 간혹 우쭐대며 이렇게 말하는 사람들이 있어요. "난 정확하게 흑 아니면 백이야. 이도 저도 아닌 건 딱 질색이야."

꽤 그럴싸하게 들리지만, 이런 종류의 사고에는 문제가 있어요. 지나치게 융통성이 없다는 것이죠. 어려움이 생겼을 때 이것 저것 다른 시도를 해 보거나 유연하게 대처할 준비를 아예 차단해 버리거든요. 세상은 온갖 변화와 예상치 못한 일들로 넘쳐나는데

흑백 논리 오류에
빠진 사람들에게
음과 양은 절대
조화를 이룰 수 없어요.
음과 양은
만날 수 없으니까요.

말이죠. 이렇게 경직된 신념에만 매달리는 건 삶의 순리를 거스르는 일이에요. 생각했던 기준에서 조금만 벗어나도 대처하지 못하고 쩔쩔매는 사람이 되고 말지요.

저는 이분법적 사고를 생각할 때면 내진 설계 건물이 떠올라요. 오늘날의 건물이나 다리는 무조건 단단하게만 짓지 않아요. 그렇다고 힘이나 압력을 받을 때 무너지지 않지요. 충격이 왔을 때 좀 더 유연하고 탄력적으로 움직이며, 예상치 못한 갑작스러운 움직임이나 변화를 감당해 내죠.

> 인생이란 압박과 변화에도 굴하지 않고
> 탄력적으로 대처하는 거예요.
> 이것이 바로 적응이죠. 생존에 꼭 필요한 것이고요.

스트레스가 아니라 스트레인

이번엔 중요한 단어 하나를 소개할까 합니다. 바로 **스트레인(strain)**♦이란 단어예요. 우리가 널리 쓰는 스트레스(stress)란 말을 의학적 개념으로 처음 사용한 사람은 내분비학자 한스 셀리에 박사랍니다. 셀리에 박사가 학회에 참석했을 때의 일이에요. 물체에 힘이나 압력을 가했을 때 생기는 긴장이란 뜻의 물리학 용어 '스트레인'을 사용하려고 했는데, 갑자기 이 단어가 떠오르지 않았어요. 학회에는 다양한 국적의 청중들이 있어 발표는 통역을 통해 전달되고 있었고요.

아무리 해도 이 단어가 기억나지 않은 셀리에 박사가 결국 사용한 단어는 힘 혹은 압력이란 뜻의 '스트레스'였어요. 후에 셀리에 박사는 스트레스란 단어를 선택한 것을 후회했다고 해요. 스트레스는 자신이 전달하려던 의미를 정확하게 설명하지 못했기 때문입니다.

이건 중요한 이야기예요. 왜냐고요?

'스트레스'란 단어가 그 후로 엄청나게 많은 주관적 해석을 낳았기 때문이에요. 이를테면 긍정적 스트레스, 부정적 스트레스, 좋은 스트레스, 나쁜 스트레스…. 스트레스에는 이렇게 수없이 많은 가치 판단이 개입해요!

이후 사람들은 스트레스를 뜻할 때도, 스트레인을 뜻할 때도 구분 없이 모두 '스트레스'란 단어를 사용하기 시작했어요. 사람들은 툭하면 '너무 스트레스 받는다' '스트레스를 감당하기 힘들다'고 이야기하죠.

> 감당할 수 없다는 신념은 현실이 아니라
> 감당할 수 없다는 여러분의 인식이 만든 거예요.

반면 스트레인은 말 그대로예요. 가치 판단이 개입되지 않은 중립적인 말이죠. 자동차에 빗대어 볼까요. 아주 커다란 트럭 두 대가 꽁무니를 맞대고 주차돼 있다고 상상해 보세요. 두 트럭은 견인 고리에 밧줄을 묶어 서로 연결되어 있어요. 두 트럭이 동시에 출

TIP 2 스트레스 구분하기

- 아드레날린이 치솟는 익스트림 스포츠를 하며 영웅이 된 것 같을 때 느끼는 것은 긍정적 스트레스예요.
- 감당할 수 없이 고통스러워서 자신이 나약한 존재로 인식될 때 느끼는 것은 부정적 스트레스예요.

발해 서로가 반대 방향으로 움직이면 끄는 힘 때문에 밧줄은 점점 팽팽하게 당겨지다 결국 끊어져 버리죠. 이때 밧줄에 느껴지는 팽팽한 긴장감, 이것이 스트레인이에요. 물리학의 개념이죠.

스트레인은 팩트, 즉 현상만을 의미해요. 어떠한 판단이나 단점을 포함하지 않는 단순한 사실. 이것이 스트레인이에요. 즐거운 일을 하건, 즐겁지 않은 일을 하건, 어려운 일에 감정적으로 반응을 하건 모든 일과 그에 대한 반응은 우리의 시스템에 스트레인을 부과해요. 그 결과 우리의 시스템이 정지될 수도 있고요.

사고방식이 유연하지 않으면 스트레인에서 회복되기가 어

TIP 3 이분법적 사고 물리치는 법

스스로에게 아래의 질문을 던져 보세요. 더 합리적이고 도움이 되는 사고방식을 찾을 수 있어요.

- 이 상황이 정말 그렇게 나쁘기만 한 걸까?

- 이 상황을 다르게 바라볼 방법은 없을까?

- 극단적인 생각을 좀 더 융통성 있게 바꿀 순 없을까?

려워요. 그러니 살아남기 위해선 유연한 생각이 필요하겠죠. 그러나 이분법적 사고는 이런 유연함을 허락하지 않아요.

장점 깎아내리기

장점 깎아내리기란 자신의 성취나 긍정적인 자질을 별것 아닌 것으로 무시하는 것을 말해요. 부정적 정신 여과와 매우 비슷하죠. 장점 깎아내리기와 부정적 정신 여과가 만났다고 생각해 보세요. 부정적 정신 여과는 자신이 이룬 일을 모조리 깎아내리는 과정을 더욱 부채질한답니다. 뭔가 시도하는 족족 실패할 거라 예상하는 데에서 한 발 더 나아가, 이미 해낸 일이 있더라도 하찮은 것으로 치부해 버리면서요.

지난날을 돌이켜 보며 '내가 이런 일도 했고 저런 일도 했

네. 이 정도면 꽤 괜찮은걸' 같은 생각은 하지도 못해요. 대신 자신이 한 일은 모조리 깔아뭉개며 갖지 못한 것, 실패한 일에만 초점을 맞춰요.

현대 사회에서 온갖 매체들은 끊임없이 내가 가지지 못한 것들을 보여 줍니다. 잡지를 펼치면 롤렉스 시계가 보여요. 책장을 넘기면 마세라티 스포츠카가 나오고 그다음엔 평생 벌 돈을 다 합친 것보다 비싼 집들이 등장해요. 부와 지위의 상징들이죠. 그것들이 모두 소리 높여 외쳐요. '나를 가져 보라고! 못 가지면 루저!'

이건 한마디로 헛소리예요! 이런 사고방식에 매달려 자신이 이룬 것들을 끝없이 깎아내리면 뭐가 달라지나요? 그래서 얻는 게 뭔가요? 아무것도 없어요. 세상은 이런 부와 지위를 갈망하라고 부추기지만 그런 것들은 여러분의 만족감과 행복을 빼앗을 뿐이라고요. 정말 멋진 말을 하나 인용할 테니 한번 생각해 보세요.

'비교는 기쁨을 훔치는 도둑이다.'
- 시어도어 루스벨트

인지 왜곡들을 놓아 버릴 때 우리는 자유로워져요. 자신이 이룬 것들을 즐길 수 있고, '나 정도면 괜찮아'라고 믿게 되죠. 이런 믿음이야말로 우리 모두가 간절히 바라는 것이잖아요. 꼭 필요한 일이고요.

과잉 일반화

과잉 일반화*란 살면서 일어난 한 가지 부정적 사건을 그것과 상관없는 모든 일에 적용하여 미래를 예측하는 일을 뜻해요. 가령 어떤 과목 시험을 한 번 망쳤다면 그 일을 앞으로 하는 일마다 다 망할 거라는 '증거'로 삼아 버리는 식이에요. 정말 피곤한 사고방식 아닌가요? 스스로에 대한 믿음을 탈탈 털어 버리는 인지 왜곡이지요.

과잉 일반화는 새로운 시작을 차단해 버려요. 앞으로 나아가는 걸 방해하죠. 이런 신념은 단 한 번만 실수해도 자신을 '난 완전 구제 불능에 쓰레기에 실패작이야'라고 생각하게 만들어요.

이 사고방식으로는 세상을 현실적으로 바라볼 수 없어요.

누군가와의 관계가 삐걱댔다고 해 볼까요? 이건 사람들 사이에서 항상 있는 일이죠. 하지만 만약 이때 과잉 일반화 인지 왜곡이 일어난다면 다른 누구와도 관계 맺을 이유가 없다는 생각이 들 거예요. 왜냐면 그 관계도 어차피 망할 테니까요. 그러곤 생각하죠. '그래, 결심했어. 이젠 아무도 안 만나! 그럼 다시는 헤어짐의 고통 따위 모르고 살 수 있을 거야!' 그런데 이렇게 살면 행복할 수 있을까요?

어차피 의미 없는데
이건 뭐하러 그린 거냐.

그럴 리가요. 행복할 수 없어요.

일상에서 벌어지는 여러 상황들, 특히 인간관계에는 모두 저마다의 고유한 특성이 있어요. 실패하더라도 그것을 명확히 짚어 내면 어디가 잘못됐는지, 다음번엔 어떻게 해야 상황이 나아질 수 있는지 배울 수 있어요.

하지만 과잉 일반화는 이 모든 기회의 문을, 새로운 경험을 향해 열려 있는 문을 닫아 버려요. 모든 일은 다 망할 거고, 사람들은 다 거기서 거기고, 세상은 흐리기만 하죠.

일부러 이렇게 살아갈 필요는 없어요. 과잉 일반화는 인생에 전혀 도움이 안 되는 인지 왜곡입니다.

TIP 4   과잉 일반화를 피하는 법

- 구체적인 부분에 집중하세요.
- 스스로에게 질문해 보세요.
  '사실은 무엇일까? 어떻게 해석해야 할까?'
  '하나의 예를 모든 일에 적용하고 있는 건 아닐까?'

극대화/파국화

극대화✦ 혹은 **파국화**✦는 우리가 가장 흔하게 접하는 비이성적 사고 바이러스 중 하나예요. '파국'이란 일이 잘못되어 결딴이 난 것을 뜻하는 말이지요. '파국화'란 부정적인 일을 실제보다 훨씬 심각하고 나쁘게 받아들여 최악의 결과를 가져올 것이라 생각하는 인지 왜곡이고요. 인지 심리학에서는 이를 사소한 일부터 거의 모든 일을 거대하고 끔찍하고 수정 불가능한 것으로 바라보는 인지 왜곡이라고 정의해요.

저는 매일 상담실에서 이 인지 왜곡이 끼치는 엄청나게 부정적인 영향을 만나고, 이 왜곡을 바로잡았을 때 나타나는 엄청나게 긍정적인 영향도 목격하고 있어요.

이 인지 왜곡을 설명하는 영국 속담이 하나 있어요. '두더지가 판 흙더미로 산을 만든다.' 한국에서는 '침소봉대'라고 하죠. 극대화 혹은 파국화를 잘 묘사하는 말이에요. 조그맣고 보들보들한 두더지가 골프장 아래에 굴을 판다고 해서 그 옆에 산이 쌓이는 일은 절대로 일어나지 않아요.

하지만 어떤 일이 생길 때마다 최악의 상황을 상상한다면 그건 두더지가 판 흙더미로 산을 쌓는 것이 돼요. 더 바보 같은 일은 이렇게 자기 멋대로 생각해 놓고 그걸 그대로 믿는다는 거예요. 문제는 바로 여기서 시작되죠.

> 우리는 파국화 인지 왜곡이 만든 생각을 사실이라 믿어 버려요. 하지만 명심하세요. 실제 세상에서는 두더지가 산을 만드는 일은 일어나지 않아요.

이것이 바로 파국화의 또 다른 문제점이에요. 여러분의 이성적인 사고를 오염시켜서 비이성적인 생각을 사실로 믿게 만들죠.

저는 상담 활동을 하면서 청소년 사이에서 이 파국화 인지 왜곡이 급속도로 퍼지는 걸 목격했어요. 이런 현상이 벌어지는 가장 큰 이유 중 하나는 여러분이 소셜미디어에서 오가는 대화와 댓글과 같은 상호 작용을 굉장히 중요하게 여긴다는 것이지요.

파국화의 가장 해로운 점은 회복탄력성, 즉 다시 딛고 일어서는 힘을 심각하게 훼손한다는 거예요. 어차피 안 되는 상황이라고 믿어 버리면 극복하려는 시도조차 안 하게 되니까요.

흔하디 흔한 시나리오

A라는 사람이 B라는 사람을 만났는데, 서로 호감을 느끼고 끌렸어요. 둘은 휴대폰 번호를 교환하고 메시지를 주고받았죠.

<u>다음 날 :</u>

A는 절친인 C에게 전화를 해요.

A 대박 사건! 나 어제 진짜 이상형을 만났어. 완전 멋져. 얘기도 한참 했잖아. 근데 어떻게 됐는지 알아? 그 사람이 내 번호를 물어봤어!

C 헉! 먼저? 너한테 반했나 봐.

A 그래. 먼저 물어봤다니까. 나는 묻지도 않았는데!

C 그 사람이 메시지 보냈어?

A 응. 장난 아니지? '만나서 반가웠어요♥♥♥♥♥'라면서 까만 하트를 5개나 보냈다니까!

C   5개라고? 말도 안 돼!

그다음 날:

A는 흑흑 울며 C에게 다시 전화해요.

C   뭐야? 무슨 일인데?

A   B한테 답장을 보냈거든. 끝에 하얀 하트 '♡' 1개를 붙여서.
    내가 목매는 것처럼 보이긴 싫으니까. 오늘 아침 9시에 메
    시지를 보냈는데, 하루 종일 기다려도 답이 없었어. 그러더
    니 저녁 6시가 다 돼서 답이 온 거야.

C   뭐라고 왔는데?

A   '답장 고마워요♡' 그런데 끝에 하얀 하트 1개밖에 없었어.

C   하얀 하트 1개? 어제는 까만 하트 5개였잖아.

A   (꺽꺽 통곡하다 숨이 넘어갈 듯 헉헉댄다. 공황 발작 일으키기 직전의
    상태로) 그래, 그렇다니까. 나랑 딱 맞는 사람이었어. 나도 내
    가 왜 이러는지 모르겠는데…. 나 진짜 간절해! 그 사람이
    돌아왔으면 좋겠어. 우린 케미 폭발이었다고! 남은 인생을

함께할 줄 알았어. 우리 아이들은 어떻게 생겼을까 그런 상상도 해 봤다고! 이건 아니야. 차라리 인생이 끝났으면 좋겠어. 사는 건 이제 아무 의미 없어.

C   (어이 상실)

이야기에서 팩트 고르기 :

- A와 B는 전화번호를 교환한다.
- B가 다음 날 메시지를 보낸다. 마지막에 하트 몇 개를 붙인다.
- A는 절친 C에게 전화해 소식을 전한다.
- C는 절친답게 기뻐한다.
- 그다음 날 B는 A의 메시지에 답장을 보낸다. 역시 하트를 붙여 마무리한다.
- A는 멘붕 상태로 C에게 전화를 걸어 대성통곡하다 과호흡에 이른다.

이 이야기에서 팩트는 이것뿐이죠. 근데 A는 비이성적 사고로 인해 인생이 아무 의미 없다고, 다 끝났다고 믿어 버렸어요. 파국화 인지 왜곡이 일어난 것이지요. 이제 A에게 이 상황은 어마어마하고 감당할 수 없는 것이 되어 버렸어요. 파국화만 일어난 것이 아니랍니다.

파국화 인지 왜곡이 지핀 불에 과잉 일반화가 기름을 끼얹었고, 부정적 정신 여과와 이분법적 사고가 부채질을 했지요. 그 결과 A에게 이 상황은 대재앙이 되었고, 마음에 가슴 찢어지는 고통과 절망이 찾아왔습니다.

이것이 여러 인지 왜곡이 뒤섞여 사실도 아니고, 도움도 안 되는 현실 인식을 만드는 과정이에요.

현실은 이래요 :

A는 어느 모임에서 우연히 B를 만나서 번호를 교환했어요. 그러곤 메시지를 주고받기 시작했죠. B는 원래 이모티콘을 즐겨 쓰는 사람이어서, 하트 몇 개를 넣어 A에게 메시지를 보냈어요. 그러곤 다음 날 A의 답장을 받았을 땐 읽긴 했지만, 깜빡하고 답장을 늦게 했죠.

자, 현실을 알고 나니 파국화에 어떤 위험이 있고 그것이 어떻게 그릇된 현실 인식을 만드는지 잘 보이죠? 무엇보다 심각한 위험은 그렇게 잘못 인식한 현실을 진실이라 착각하는 거예요.

TIP 5   한 발짝 떨어져 상황을 바라보는 법

- 스스로에게 질문해 보세요.
  '이 상황에서 일어날 수 있는 최악의 일은 무엇일까?'
  '최선의 결과는 어떤 걸까?'
  '일어날 가능성이 가장 높은 일은 뭘까?'
  '5년 뒤에도 내가 이 문제를 신경 쓰고 있을까?'
  '해결책이 있을까?'

극소화

극소화◆란 극대화에 반대되는 개념이라 할 수 있어요. 자신의 성취를 아무것도 아닌 일로 축소하는 인지 왜곡이지요. 어떤 일을 잘 해냈을 때 남들이 칭찬을 하면 '아, 별것 아니에요' 혹은 '그냥 운이 좋았을 뿐이에요'라고 말하죠. 이 같은 극소화(과소평가)는 불안 장애나 우울증 환자에게서 흔히 나타나요.

> 극소화는 자신이 잘난 사람이 아니라는 걸 지적하는 데 급급해서 자신의 성취를 감사히 여기거나 받아들이지 못하는 인지 왜곡을 의미해요.

속단하기(추측)

속단하기 인지 왜곡은 갖가지 문제를 만들어 내요. 이성적 사고를 더럽히는 것은 물론이고 왜곡된 생각을 사실로 믿도록 꼬드기죠. 속단하기 인지 왜곡에는 **독심술 오류**✦와 **점쟁이 오류**✦ 두 가지가 있어요.

독심술 오류

독심술 오류란 다른 사람들의 행동을 보고 그 사람들의 마

극소화란 자신의 성취를

사소하고 보잘것없는 것으로 느끼게 하는

비이성적 사고 바이러스다.

음을 자기 마음대로 생각하는 것을 뜻해요. 흔히 남들이 자신에 대해 부정적으로 평가한다고 단정해 버리고 불편한 감정에 휩싸이곤 하죠. 곧 불안감이 피어오르고 그 느낌은 남들이 나를 안 좋게 보고 있다는 생각을 더욱 견고하게 만들어요.

타인의 마음을 읽을 수 있다고 단정할 때 나타나는 또 다른 문제는 스스로가 지닌 부정적 사고를 남들도 똑같이 하고 있다고 믿는 거예요. 어때요? 이쯤 되면 너무 이상하다 못해 우스꽝스러울 지경이죠.

이렇게 한번 생각해 봐요. 여러분이 사람들로 가득한 방 안에 있는데 사람들 모두가 여러분을 생각하는 거예요. 그뿐이 아니에요. 그 사람들 모두가 여러분이 자신에 대해 생각하는 것과 정확히 똑같은 생각을 해요. 자, 이런 일이 일어날 가능성이 얼마나 될까요? 굳이 통계적으로 얘기하자면 '만에 하나라도 일어나기 힘든 일'이에요. 그냥 불가능한 일이라고요!

현실은 이래요. 여러분은 남들이 무슨 생각을 하는지 알 수 없어요. 다들 자기 걱정, 자기 고민을 하느라 바빠서 여러분과 눈곱만큼도 관계없는 생각을 하고 있을 가능성이 거의 100%예요. '다

른 사람의 마음을 읽을 수 있나요?' 저는 이 질문에 자신 있게 대답할 수 있어요. '아니요!'

> 남의 마음을 읽을 수 있는 사람은 없어요.
> 쌍둥이 연구, 투시력 연구…
> 세상의 온갖 연구 결과가 알려 줘요.
> 다른 사람의 생각을 읽는 건 불가능하다고요.

우리는 독심술사가 아닌데도 이 인지 왜곡은 다른 사람의 생각을 읽을 수 있다고 착각하게 만들어요. 비이성적인 사고 바이러스가 얼마나 강력한 힘을 발휘하는지 다시 한번 느껴지죠? 이 비이성적 사고 바이러스는 잘못된 감정을 만들고, 감정이 생겨나면 우리는 그 생각이 진실이라 확신하게 됩니다.

> 그러한 '확신'은 사실이 아니며,
> 그 확신의 결과로 느낀 감정 역시 사실이 아니에요!

우리는 남의 마음을 읽을 수 없다.

TIP 6 다른 사람의 생각을 추측하지 말 것

남들이 어떤 생각을 하는지 무슨 수로 아나요? 남의 마음을 읽을 수 있는 사람은 없어요.

- 증거와 사실을 확인하세요.
- 추측은 추측일뿐 사실이 아니랍니다.

점쟁이 오류

점쟁이 오류란 자신에게 미래를 내다볼 수 있는 아주 특별한 재능이 있다고 믿는 인지 왜곡이에요. 예를 들자면 '나한텐 절대 여자친구가 안 생길 거야. 난 영원히 혼자라고' 같은 것이죠. 저는 내담자들에게 자주 이런 농담을 하곤 해요. "그렇게 앞날이 훤히 보이시면 저한테 다음 주 로또 당첨 번호 좀 알려 주세요"라고요. 당연히 불가능한 얘기죠.

점쟁이 오류는 현실적이지도 않고 사실에 근거하지도 않아요. 비이성적 사고 바이러스 중 하나일 뿐이죠. 만약 점쟁이 오류가 부정적 정신 여과를 거치면 어떻게 될까요? 생각은 계속 부정적으로 뻗어 나가고, 결국 재앙이 일어날 거라고 예상하며 괴로워지죠. 이때 파국화 인지 왜곡이 끼어들면 아직 일어나지도 않은 그 재앙은 정말 어마어마하고 감당할 수 없는 일이 돼 버리죠. 이런 걸 '부정적 점쟁이 오류'라고 할 수 있어요.

부정적 점쟁이 오류는 걱정 왕들이 항상 겪는 일이랍니다. 세상만사를 힘겹게만 인식하고 또 앞으로도 힘겨우리라 예측하는 바람에 인생이 한없이 버겁죠. 그런데 그렇다고 인생이 진짜 힘든 것은 아니에요. 부정적인 인지 왜곡들이 사고방식에 영향을 끼친 것뿐이죠.

여러분은 선택할 수 있어요. 비합리적인 사고에 근거한 마

TIP 7 기억하세요. 우리는 미래를 예측할 수 없어요!

- 가슴에 손을 얹고 물어보세요. '나는 정말로 미래를 알 수 있나?'
- 어떤 일이 벌어질 것 같은 느낌이 든다고 해서 실제로 그런 일이 일어나는 건 아니에요.
- 나쁜 일이 생길 거라는 상상이 내게 도움이 될까요?

음을 믿을지, 진실과 사실에 근거한 마음을 믿을지를요. 둘 중 어느 쪽이 더 타당한가요?

감정적 추론

이번에 알아볼 인지 왜곡은 조금 까다로울 수도 있어요. 저도 상담 일을 막 시작했을 때에 **감정적 추론**◆이라는 인지 왜곡을 정확히 몰랐어요. 독심술 오류나 점쟁이 오류처럼 명확하게 다가오지 않았죠. 상담을 받으러 온 사람들도 독심술 오류나 점쟁이 오류를 설명할 때 이런 인지 왜곡들이 어떤 이유로 쓸모없고 사실에 근거하지 않는지 더 쉽게 이해하는 듯했고요. 하지만 감정적 추론도 한번 이해하면 어렵지 않아요. 차근차근 배워 봅시다.

'감정적 추론'이란 무엇일까요? 이건 우리의 생각에 어떤 바이러스를 심는 걸까요?

> 감정적 추론 = 자신의 감정에 비추어 상황을 판단하는 일

여전히 이해하기 어렵지요? 누구나 감정에 근거해서 상황을 판단하지 않을까 싶기도 하고요. 그럼 예를 하나 들어 볼게요. "새로운 담임 선생님을 만났는데, 바로 느낌이 왔어. 날 좋아하지 않으셔." 언뜻 보면 맞는 말 같지요? 당시 분위기도 그렇고 보디랭귀지도 그렇고 독심술까지 동원하니 딱 느낌이 왔다는 거죠. "척하면 척이지!" 자, 이제 뭔가 좀 이상하죠?

감정적 추론을 처음 들을 때는 이 인지 왜곡이 이성적 사고에 어떻게 부정적 영향을 끼치는지 이해하기 힘들어요. 하지만 감정적 추론은 실제로 부정적 영향을 끼치고 있어요. 제 임상 경험에 비춰 보면 그 영향은 다른 인지 왜곡보다 더 심각할 수 있어요.

다시 짚어 보는 A의 메시지 이야기

메시지 하나 때문에 괴로워한 A의 이야기, 기억나시죠? A는 별 의미 없는 메시지를 보며 상황을 파국화했지요. 상황을 심하게 부풀린 탓에 자신의 인생과 미래가 비참하다고 느꼈죠. A가 이런 감정을 느낀 것은 생각하는 방식 때문입니다. 사람들은 일단 자신이 사랑받지 못한다고 생각하고 믿으면, 그다음부터는 자기 예

감정은 팩트가 아니다.

측대로 다 들어맞을 거라 확신해 버리지요. 그러곤 감정을 진실의 증거로 인식하죠.

> 다시 말하지만, 감정은 사실이 아니에요.
> 감정은 단지 생각을 반영할 뿐이에요.

제가 비슷한 상황에 처한 사람들을 상담할 때 수도 없이 참고했던 글이 있어요. 데이비드 번스 박사가 자신의 책 『필링 굿』에서 한 말입니다.

"우울한 생각은 왜곡된 것일 수 있음에도 불구하고 진실처럼 보이는 강력한 착각을 만들어 낸다. 이것이 착각이라는 근거를 바로 말하면, 감정은 사실이 아니다! 사실 감정 그 자체는 아무것도 아니다. 다만 감정은 생각하는 방식을 비추는 거울일 뿐이다. 만약 우리의 생각이 왜곡되었다면 그 생각이 빚어 내는 감정은 놀이공원의 요술 거울에 비친 모습만큼이나 터무니없는 것이 될 것이다. 문제는 이처럼 터무니없고 비정상적인 감정

도 왜곡 없는 생각이 만든 진짜 감정과 똑같이 타당하고 현실적으로 느껴진다는 것이다. 따라서 우리는 자동적으로 그 감정을 진실이라 믿게 된다. 우울증이 그토록 강력한 정신의 흑마술이 되는 것은 바로 이 때문이다."

TIP 8 기억하세요. 감정은 사실이 아니에요.

- 현실과 현실 인식은 연결되어 있지만 똑같지는 않아요.
- 기분이 나빴다는 것만으로 내가 인식한 것들이 모두 사실이라고 할 수는 없어요.
- 감정과 사실을 분리해서 혼란을 예방하세요.

인지적 추론

인지적 추론⁺이란 자신의 믿음을 바탕으로 상황을 판단하는 것을 말해요. 자신이 믿는 바를 그대로 사실이라 믿어 버리기 때문에 무척 골치 아픈 인지 왜곡이죠. (믿음과 사실은 다르잖아요.) 그럼, 믿음과 사실에 대해 한번 생각해 볼까요?

가령 제가 "나는 지구가 둥글다고 믿어요"라고 말한다면 그건 정말 쓸데없는 소리가 될 거예요. 지구가 둥근 것은 엄연한 사실이고, 제가 어떻게 생각하고 믿든지 간에 그것이 사실에 어떤 영향도 줄 수 없으니까요.

한때 우리는 지구가 평평하다고 믿었어요. 사실과는 전혀 다른데도요. 이렇듯, 믿는다고 해서 그것이 모두 사실인 것은 아니에요.

과거에 인간은 지구가 우주의 중심이고 태양, 달, 별, 행성 모두가 지구를 중심으로 돈다고 믿었어요. 오늘날 우리는 이것이 틀렸다는 것을 알아요. 지구가 태양 주위를 도는 것이 사실이죠. 하지만 1600년대에 과학자 갈릴레이는 지구가 태양 주위를 돈다는 (훗날 사실로 밝혀진) 거짓을 퍼뜨리고 가르쳤다는 이유로 투옥됐어요. 갈릴레이는 10여 년간 가택에 연금되어 여생을 보내다 1642년에 사망했어요. 당시 지도자들이 사실이 아닌 것을 믿었던 탓에 무척 고된 삶을 살았죠.

믿음의 힘을 보여 주는 또 다른 예는 종교입니다. 기독교인, 유대교인, 무슬림 모두 절대자의 힘을 믿지만, 누구도 자신이 믿는 신만이 '옳은' 신이며 다른 신들은 모조리 틀렸다는 걸 증명할 수 없어요. 종교적 신념은 증거보다는 믿음에 기초하니까요.

이 책에서 탐색하는 믿음은 종교적 혹은 철학적인 믿음과는 전혀 관련이 없어요. 그보다는 스스로에 대한 믿음과 그 믿음이 행복에 도움이 되는지 방해가 되는지에 초점을 맞추죠. '난 모자란 사람이야'라고 믿고 생각하면 마음이 무거워지고 자신이 쓸모없는 사람이란 부정적인 감정이 생겨요. 그런 감정은 다시 잘못된 믿음을 강화하고, 그 믿음은 다시 부정적 감정을 강화하죠. 그럼 결국 스스로 가치 없는 인간이라는 믿음에 걸맞은 행동을 하게 되고요.

인지적 추론이 가져오는 부정적 결과의 예를 들어 볼게요.

'내가 생각해도 난 형편없어. 그러니 무슨 수로 친구를 사귀고 사람들 사이에 끼겠어? 아예 시도도 안 하는 게 나아. 왜냐면 난 거절당할 게 뻔하고 그러면 너무 고통스럽잖아. 고통은 피하고 봐야지. 역시 아무도 안 만나고 혼자 지내는 게 최고야.'

자, 어때요? 인지적 추론에다가 감정적 추론, 다른 인지 왜곡들까지 모두 합세합니다. 이런 식으로 깨닫지 못하는 사이 여러분에겐 기댈 곳이 없게 돼요. 인지 왜곡의 덫에 걸린 것이죠. 스스로의 믿음이 지은 감옥에 갇혀서 실제 세상에는 존재하지도 않는 벽을 쌓으면서요.

> 어째서 자신이 만든 믿음의 감옥에 갇혀 있나요?
> 나와요, 문은 열려 있어요.

개인화

인지 심리학에서 말하는 **개인화**†의 정의는 단순해요.

> 개인화
> = 자신과 관련이 없는 일을 부당하게 자신의 책임으로 돌리는 일

'애인이 날 떠났어. 전부 내 탓이야.'
'연극 오디션에서 내가 원하던 역을 못 따냈어. 전부 내가 형편
없기 때문이야.'

이렇게 자신의 탓으로 돌리는 생각들은 모두 개인화의 결
과입니다. 제가 자주 드는 예시인, '쾅 닫힌 문 이야기'를 들려 드릴
게요. 여러분이 책상 앞에 앉아 있다고 생각해 보세요. 그때 (선생님
이나 친한 친구 같은) 중요한 사람이 여러분 곁을 지나쳐 다른 곳으로
걸음을 옮기고 있어요. 그런데 그 사람이 여러분에게 인사도 없이
쌩 지나치더니 문을 쾅 하고 세게 닫고 나가 버려요. 이제 여러분의
뇌는 이 상황을 개인화합니다. **부정적 자동적 사고**†도 시작됩니

다. 부정적 자동적 사고란 어떤 상황이 벌어졌을 때 스스로 인식하기도 전에 생각이 자동적으로 부정적인 방향으로 흐르는 것을 뜻해요.

그 순간 머릿속에 떠오른 부정적 자동적 사고

'헐!!! 내가 뭘 잘못했지? 내가 뭔가 잘못한 게 틀림없어. 인사 한마디 없잖아. 눈빛만 봐도 알겠어. 뭔가 잘못됐어. 선생님이 내 꼴도 보기 싫은가 봐. 난 아무짝에도 쓸모없는 인간이야. 이제 학교생활도 제대로 못 할 텐데 그럼 뭘 하지? 이건 재앙이야! 가족들은 또 뭐라 생각하겠어? 뭐 하나 진득이 하는 법 없는 한심한 애라고 생각하겠지. 나한테 두 손 두 발 다 들어 버릴 거야. 다른 학교를 못 찾으면 어떡하지? 난 망했어! 이제 끝이야.'

어떤 인지 왜곡이 개입했을까?

'헐!!! 내가 뭘 잘못했지?'

→ 개인화, 파국화, 감정적 추론

'내가 뭔가 잘못한 게 틀림없어. 인사 한마디 없잖아.'

→ 개인화, 부정적 정신 여과

'눈빛만 봐도 알겠어. 뭔가 잘못됐어. 선생님이 내 꼴도 보기 싫은가 봐.'

→ 독심술 오류, 부정적 정신 여과, 개인화, 점쟁이 오류

'난 아무짝에도 쓸모없는 인간이야. 이제 학교생활도 제대로 못 할 텐데 그럼 뭘 하지?'

→ 점쟁이 오류, 부정적 정신 여과, 이분법적 사고

'이건 재앙이야! 가족들은 또 뭐라 생각하겠어. 뭐 하나 진득이 하는 법 없는 한심한 인간이라 생각하겠지. 나한테 두 손 두 발 다 들어 버릴 거야.'

→ 파국화, 독심술 오류, 점쟁이 오류, 부정적 정신 여과

'다른 학교를 못 찾으면 어떡하지? 난 망했어! 이제 끝이야.'

→ 이분법적 사고, 점쟁이 오류, 부정적 정신 여과

와! 문 한번 쾅 닫힌 걸 보고 이렇게 많은 해석이 가능하다 니, 사고방식이 얼마나 비이성적인지 한눈에 보이지요? 개입한 인 지 왜곡이 엄청나요. 이 모든 생각들은 눈 깜빡할 사이에 쓰나미처 럼 몰려와 파괴적인 결과를 불러와요. 여기서 기억할 것은 이 생각 들 중 어느 하나도 실제로 일어나지 않았다는 점이에요. 잘못된 인 식과 감정적 추론에 근거할 뿐이죠. 부정적 생각의 힘만으로도 이

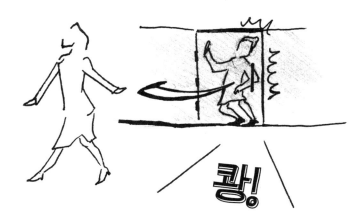

성적 사고는 깨끗이 씻겨 내려가 버려요. 놀랍게도 이 이야기는 제가 직접 상담했던 내용이에요. 상담을 받던 한 학생이 학교에서 경험한 일이죠.

팩트 체크

1. 선생님은 차가 막히는 바람에 지각했고,
전화를 받기 위해 허겁지겁
뛰어 나가는 중이었다.

---

2. 마침 교실 창문이 열려 있었고
창으로 바람이 불어와 문이 쾅 닫혔다.

---

3. 선생님은 전화 통화를 마치고 들어와서
"좋은 아침!" 하며 인사를 건넸다.

---

4. 끝

TIP 9 모든 일이 '나' 때문은 아니에요.

- 이렇게 생각해 보세요.

  '내가 정확히 무엇을 잘못했을까?'

  '나 말고 다른 이유는 없을까?'

해야 한다(should) 사고

'해야 한다' 사고란 강박적으로 '해야 한다' '하지 않으면 안된다' 같은 생각을 떠올리게 하는 인지 왜곡이에요. 이러한 사고방식은 감정, 신체, 행동 등 여러 면에서 우리에게 해로운 반응을 이끌어 내죠.

습관적으로 '해야 한다'로 흐르는 사고방식과 싸우던 젊은 사람을 만난 적이 있어요. 그분은 상담 중 이렇게 말했어요.

"그런 생각이 머릿속에 떠오를 때면 저는 '해야 한다 시스터즈가 또 등장했군!' 이렇게 생각해요. 그러면 해야 한다는 생각이

심각하지 않게 느껴져 웃어넘길 수 있었죠."

아래의 표는 '해야 한다' 사고가 가져오는 감정을 정리한 것이랍니다. 이 인지 왜곡은 자신과 타인, 세상을 향한 감정에 이런 영향을 주고 있어요. 상당히 파괴적이죠.

'해야 한다' 사고	그로 인한 감정
난 그랬어야 해.	죄책감, 후회
난 그러지 말았어야 해.	죄책감, 자기혐오
그들은 그랬어야 해.	분노, 불만, 실망
그들은 그러지 말았어야 해.	원한, 분노, 불만
난 그렇게 해야 해.	부담, 긴장, 의무감
난 반드시 그렇게 해야만 해.	더 큰 부담, 더 큰 긴장

정말 흥미롭지 않나요? 전부 불안과 고통으로 가득한 부정적인 감정들이잖아요. 상황이 이런데도 우리가 아직도 '해야 한다'라는 말에 가치를 둔다는 게 더 놀라워요.

'해야 한다'라는 말이 끼치는 악영향에 대해 강의를 시작하던 무렵, 저는 치과 의사를 상담하고 있었어요. 이 치과 의사는 모든 게 딱딱 정리돼야 하고 자제력이 엄청난, 부정적인 성격의 완벽주의자였어요. 제가 '해야 한다' '하지 않으면 안 된다'라는 단어들을 머릿속에서 아예 지워 버리라고 하자 이 사람은 겁에 질려 버렸어요. 그 말들이 사라지면 동기가 없어져서 자신은 결국 실패하고 말 거라는 공포에 휩싸였던 것이죠.

많은 사람이 이 동기 상실을 두려워해요. 하지만 공포가 유발한 동기는 사람을 병들게 해요. 사실 진정한 동기는 무언가를 하고 싶은 욕구에서 비롯되죠. 이 치과 의사는 '해야 한다'라는 단어가 없으면 세상이 난장판이 될 거라고도 생각했어요.

그런데 '해야 한다'가 없으면 세상이 정말 난장판이 될까요? 질문에 답하기 위해서는 **인지 이론**◆에서 말하는 두 가지 유형의 '해야 한다'를 알아볼게요. 바로 '교육적 해야 한다'와 '도덕적 해야 한다'입니다.

교육적 '해야 한다'

교육적 '해야 한다'는 아이들을 가르칠 때 사용해요. 예를

교육적
'해야 한다'는
음악 선생님이에요.
'해야 한다' 시스터즈가
연주하는 곡을
달콤하게 녹여서
'해야 한다'는 거친 선율을
'할 수도 있다'는
아름답고 부드러운 선율로
누그러뜨려요.

들어 아이들은 '포크를 전기 콘센트에 꽂으면 절대 안 된다'고 배워야 해요. 아이가 감전 당할 위험을 예방하기 위해서죠. 따라서 도움이 되는 '해야 한다'입니다.

교육적 '해야 한다'는 컴퓨터나 기계 사용법 등을 설명할 때도 사용돼요. 이를테면 '시스템을 업데이트하기 전에는 반드시 데이터를 백업해야 한다' 같은 거죠. 다시 말하지만 교육적 '해야 한다'는 우리에게 도움이 되고 사실에 근거한 정보예요.

> 교육적 '해야 한다'는 도움이 돼요.

도덕적 '해야 한다'

문제는 바로 이 도덕적 '해야 한다'예요. 가령 이런 말들이죠. '내 방식대로 해야 해. 왜냐면 내 방식이 옳으니까' '그런 신은 믿으면 안 돼. 내가 믿는 신만이 옳은 신이니까' '그 브랜드 청바지는 입으면 안 돼. 너무 후지잖아'

도덕적 '해야 한다'는 가치, 믿음, 기대에 근거해요.

Q. 누구의 믿음이 옳은가요?
A. 옳은 믿음, 틀린 믿음이란 없어요. 믿음은 사실이 아니니까요.

그럼 이 '해야 한다' 인지 왜곡은 어떻게 막을 수 있을까요?

1단계

생각 속에서 의식적으로 '해야 한다'를 찾아내세요. 그런 생각이 떠오를 때면 '해야 한다' 대신 덜 부담스러운 단어를 사용해 보세요. 여러분의 사전에서 '해야 한다'를 지우면 무척 자유로워질 거예요.

2단계

'해야 한다'를 대체할 다른 단어를 찾을 때는 선택의 여지가 있는 말을 사용해 보세요. 예를 들면 '다이어트 해야 해'라는 말은 부담스럽기도 하지만 죄책감을 일으키기도 하죠. 왜냐면 여러분이 지난번 다이어트에 실패했으니까요. 대신 '오늘은 다이어트를 할 수도 있어. 어떻게 되나 한번 해 보지, 뭐'라고 생각해 보세요. 할 수도 있고 안 할 수도 있다는 선택을 품은 단어와 해야 한다는 요구만 품은 단어의 차이가 보이나요? 두 문장을 소리 내어 말해 보세요. 차이가 느껴지나요? 선택의 여지가 있는 언어를 말할 때의 느낌이 월등히 좋아요. 마음이 훨씬 편해지는 게 느껴지지요?

저는 요즘 '해야 한다'란 말을 아예 사용하지 않아요. 원하지도 않고 필요도 없는 부정적 감정을 지나치게 많이 불러일으키니까요.

'못 참겠어' 비이성적 사고 바이러스

'못 참겠어' 비이성적 사고 바이러스는 심리학자 앨버트 엘리스 박사의 이론에 등장하는 인지 왜곡입니다. '난 못 참아!'라고 생각하며 스스로 힘겨운 상황에 대처할 수 없다고 믿는 인지 왜곡이죠. 매일매일의 생활에는 사소한 골칫거리들이 넘쳐 난다는 사실을 떠올려 보세요. 여러 어려움을 딛고 일어서며 견뎌 내는 법을 배우는 일은 무척 중요해요.

> 참을성이 있어야 환경에 적응하고
> 세상을 행복하게 사는 능력을 기를 수 있어요.

정신의학 전문의 데이비드 번스 박사는 이렇게 설명해요. "어떤 사람들은 좋아하지 않는 일을 해야만 할 때 참을성을 잃어버린다. 그저 그 일이 조금 달갑지 않은 것이라 인정하지 않고, '난 못 견뎌'라고 자신에게 말한다. 그 결과, 좌절감을 느끼고 화가 나는 것이다."

저는 수많은 소년들과 젊은이들을 상담하면서 이 인지 왜

곡을 자주 접했어요. 여러분은 디지털 시대에서 성장했어요. 모든 것이 바로바로 이루어지고, 버튼 하나만 누르면 원하는 어떤 정보라도 접할 수 있죠. 방 안에 가만히 앉아 쇼핑도 하고, 손 하나 까딱 않고도 현관문 앞에서 물건을 받을 수 있어요. 원한다면 사실상 세상과 교류하지 않고 사는 일이 가능해요. 모든 것이 배달되니까요.

만약 여러분이 버스 타는 걸 싫어한다면 부모님이 기꺼이 차로 태워다 주실 수도 있어요. 또 정말 운이 좋으면 나중에 차를 사 주실 수도 있겠죠. 여러분은 밖에 나가 여러 사람들과 부대끼는 걸 피하고 싶을 수도 있고, 무언가를 기다리는 걸 못 참을 수도 있어요. 어쩌면 대중교통을 이용해야 하는 건 최악이라고 생각할지도 모르고요. '잘 보여야 하는 사람들에게 이런 내 모습을 들키면 어떡하지' '헐, 그 사람들이 날 어떻게 생각하겠어?' 아니면 다음과 같은 생각이 들 수도 있겠죠.

이 순간 머릿속에서 시작되는 생각 :
이런 일을 꼭 겪어야 하는 건 아니잖아. 이건 정말 최악의 상황이야. 정말 딱 질색이라고. 다시는 이런 거 하나 봐라!

그 생각의 결과로 나타나는 감정 :

좌절감, 참을 수 없음, 분노, 긴장감

이때 개입한 인지 왜곡 :

파국화, '해야 한다' 사고, 부정적 정신 여과, 이분법적 사고

이런 생각들은 상황을 견디지 못할 거라고 스스로 믿게 만들어요. 그러면 무기력함이 밀려와요.

공황 장애와 불안 장애를 겪는 젊은 여성을 상담한 적이 있어요. 이 여성은 무언가 잘못될 때마다 거의 매번 이런 생각을 했어요. '난 못 참아. 이 상황에서 못 빠져나간다고. 이건 악몽이야!' 그러곤 자신을 공황 상태로 몰아넣었죠.

이 여성은 꾸준히 상담을 받으며 '난 못 참아'라는 생각을 점검하고, 이런 사고방식이 사실에 근거하지 않았다는 것을 깨달았어요. 그 후 부정확한 신념을 따르지 않으려 노력했고, 그 결과 스트레스 상황을 견뎌 낼 힘이 생겼다고 말했어요. 힘겨운 상황을 하나씩 견뎌 낼 때마다 자신감도 늘어 갔고요. 정말 잘됐죠.

현실은 랜덤이고 운이 좌우한다.

현실을 있는 그대로 받아들이지 못하면 망하는 거예요.
어차피 세상은 여러분의 적응 여부는 상관 안 하거든요.
세상은 공평하지도 정당하지도 않아요.
세상이 공평하면 좋은 사람들에게 나쁜 일이 일어나겠어요?

TIP 10 살아가며 좌절을 느끼는 건 지극히 정상이에요

- 좌절감이 유쾌하진 않지만 참을 수는 있어요!

- 힘겨운 상황은 짜증 나는 장애물이지만, 인생은 장애물로 가득해요. 행복의 비결은 고난을 어떻게 대처하느냐에 있어요.

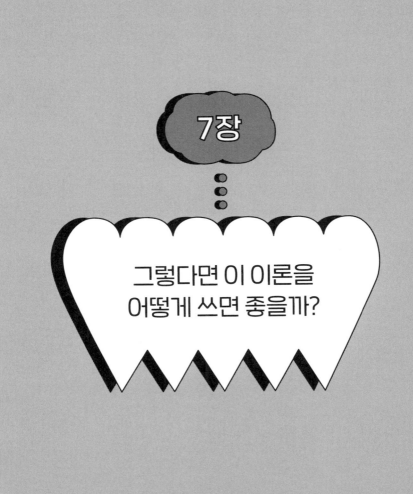

지금까지 여러분은 (비록 여행 안내서 수준이긴 하지만 인지 이론 세계에 관한) 여러 지식을 쌓았어요. 그런데 이 지식으로 뭘 해야 할지 감이 잘 안 잡힐 수도 있어요. 근사하게 빼입었는데 마땅히 갈 데가 없는 기분이랄까요?

그렇다면 이제 지금까지 모은 지식 퍼즐을 한데 맞추어서 이성에 뿌리를 둔 생각을 하기 위한 구체적인 방법을 익혀 봅시다.

상황/생각/감정/행동

오른쪽 그림은 인간이 자신을 둘러싼 세계, 즉 현실과 어떤 식으로 관계 맺는지를 잘 설명해 주는 그림이에요. 이 그림에서 가

상황

어떤 일이 일어난다.

생각

상황을 해석한다.

감정

생각의 결과로 감정이 생긴다.

행동

감정에 대한 반응으로 행동이 발생한다.

원인 → 신체 반응
(신체 감각)

장 중요한 점은 모든 요소가 모두 '함께' 작용한다는 것이에요. 어느 하나도 단독으로 작동하지 않아요. 감정은 하늘에서 뚝 떨어지지 않아요. 생각의 결과로 발생하죠. 이 과정은 누구에게나 마찬가지예요.

____현실

현실을 마주할 때 여러분은 혹시 이렇게 생각하고 싶을지도 몰라요.

'내 모든 문제의 원인은 현실이 아닐까?'
'현실이 나아지면 지금 내가 이런 기분이 들 리 없어!'

하지만 현실과 현실을 어떻게 인식하느냐는 별개의 문제입니다. 우리는 모두 똑같은 현실 세계를 살아가요. 세상은 예측불허이며, 계획대로 안 되는 경우가 허다하죠. 하지만 우리가 친구들, 가족들과 모두 똑같은 현실을 살아감에도 불구하고 개개인이 겪

이건 현대 사회의 우울을 대변하는 암흑이야.

나는 칠판!

아니, 그건 우리가 보지 못하는 것들을 향한 창문이야. 그래서 검정색이지.

현실과 현실 인식은 서로 다르다.

는 경험은 현실을 어떻게 인식하느냐에 따라 달라져요. 우리는 자신이 지각하는 현실을 통해 세상과 협상하는 것이죠.

후성 유전학의 관점에서 보면 우리의 **지각적 필터**⁺는 타고난 유전 정보, 교육 받은 가치, 신념, 환경에 적응하기 위해 습득한 믿음 등 후천적인 요인들이 결합한 결과예요.

또, 그 지각을 거쳐 나온 반응 역시 진화적으로 잘 다듬어진 결과예요. 인간의 뇌는 여러 부분으로 구성돼 있는데, 진화 과정상 각 부위의 형성 시기가 달라요. 예를 들면 가장 초기에 발달한 뇌간은 이른바 '파충류의 뇌'라고 불리기도 하지요. 그리고 뇌간의 위쪽에 위치한 **편도체**⁺는 생존 반응(투쟁/도피/경직)을 담당해요. 우리가 위험한 상황에서 보이는 '어마어마한' 반응을 일으키는 곳이지요.

어떤 사건이 발생하면 (우리 뇌의 핵심 '관제 센터'인) 전두엽에서 편도체로 메시지를 보내요. 사건이 '위험한' 것으로 인지되었다면 편도체는 행동을 개시해서 투쟁/도피/경직 반응을 일으키죠. 편도체는 합리적으로 행동하지 않아요. 생각하거나 판단할 능력이 없으니까요. (생각하고 판단하는 건 전두엽의 역할이에요.) 그저 반응할 뿐이죠. 이렇게 편도체가 일으킨 반응을 '불안'이라고 하고 그 반응이 좀 더 심해지면 '공황 상태'라고 불러요.

심리학자들은 무언가를 설명할 때 비유를 자주 드는데, 제가 자주 쓰는 비유를 얘기해 볼까 해요. 뇌의 복잡한 기능을 설명하기 위해 제가 만든 이야기예요. 한번 들어 보시겠어요?

첫 번째 이야기 : 파티

이렇게 상상해 보세요. 여러분의 편도체는 뇌 뒤쪽에 위치한 소방서예요. 멋진 소방관들이 대기하고 있죠(초기 대응팀이요). 소방관들은 가끔 카드 게임을 하기도 하지만 알람이 울릴 때를 대비하며 항상 근무 중이에요. 그러다 전두엽이 '위협' 혹은 '위험'과 같은 메시지를 내려 보내면 대원들은 즉각 행동을 개시하죠. 기둥을 타고 내려가 소방차에 올라탄 다음 생명을 위협하는 화재를 진압할 준비를 한답니다.

같은 시간, 여러분과 여러분의 전두엽은 파티에 입고 갈 옷을 고르느라 정신없이 옷장을 뒤지고 있어요. 파티에는 잘나가는 애들이 죄다 모일 예정이죠. 이리 뒤지고 저리 뒤지고 옷장을 홀딱 뒤집어 놓은 끝에 청바지에 셔츠 차림이 제일 적당하겠다는 판단을 내렸어요. 청바지 칸 앞에서 뭘 입을까 살펴보는데 이런 생각이 들어요.

'으악, 난 망했어! 스키니 진밖에 없어. 딴 애들은 다 와이드 진을 입고 올 텐데. 난 도저히 못 가. 내가 제일 촌스러울 거야. 다들 내 청바지를 보고 '언제 적 바지야?'라고 생각할 거라고. 그래, 안

편도체 : 긴급 상황이다!

갈 거야. 다시는 아무 데도 안 가. 내 인생은 망했어!'

편도체의 소방대원들은 '내 인생은 망했어!'라는 말을 듣고 여러분이 위협을 받고 있다고 여겨요. 기둥을 휘리릭 타고 내려와 소방차에 몸을 던지죠. 긴급 상황 발생! 생명이 걸린 위기 상황 발생! 장소는 어디인가? 어디로 출동해야 하나? 상태는 괜찮은가? 혹시 방에 불이 난 것인가?

대원들에게 전하는 메시지 :
아니다, 화재 발생이 아니다. 오늘 밤에 파티가 있는데, 잘나가는 애들은 다 입고 온다는 청바지가 없어서 고민하는 중이라고 한다.

분명 생명을 위협하는 상황이 아닌데도 판단 능력이 없는 편도체는 그런 상황인 것처럼 반응했어요. 사실 옷을 고르던 여러분도 그렇게 행동했고요. (감정적 추론으로요.) 재앙이 일어난 것처럼 느꼈으니까요. 요즘은 와이드 진 없는 게 대단한 사건인가 봐요!

생명이 위험한 상황이 아니어도 생존 기제의 스위치는 걸핏하면 켜져요. 그러니까 스스로에게 말하세요. 이런 위험에 처한 것은 나의 생각 때문이라고요. 여러분이 무슨 바지를 입었는지는 아무도 관심 없어요.

두 번째 이야기 : 영화

이번 이야기는 단순하지만 좋은 예예요. 흔히 일어나지만 생각해 볼만한 가치가 충분히 있지요.

여러분과 친구가 함께 영화를 보러 갔어요. 영화는 너무 지루했고 여러분은 뭐라도 재미를 찾아보려고 있는 힘껏 눈을 부릅뜨다 결국 잠이 들었어요. 그런데 불이 켜지자 친구는 눈물범벅이 된 얼굴로 말했어요. "지금껏 본 영화 중에서 제일 강렬했어. 아름다워!"

어떻게 된 일이죠? 여러분과 친구는 같은 음악을 들으며 같은 장면, 같은 배우, 같은 이야기 전개를 보았잖아요. 이건 영화에 대한 개인적 지각과 그 지각에 부여한 '의미'에 따라 경험이 달

라지기 때문이에요.

분명 친구에게는 영화가 뭔가 다른 의미로 다가왔을 겁니다. 어린 시절의 어떤 일을 떠올리게 했을지도 모르죠. 여러분과 다른 반응을 보인 데는 그외에도 수없이 많은 이유가 있을 수 있어요. 정리하자면 같은 현실을 대하는 두 사람의 개인적인 지각이 서로 달랐던 것이죠.

지각을 안경에 빗대어 생각하면 훨씬 이해하기 쉬울 거예요. 이 '지각 안경'은 세 가지 렌즈로 이루어져 있어요.

첫 번째. '의미 부여' 렌즈

의미 부여 렌즈는 내가 세상을 살며 쌓은 모든 경험으로 만들어져요. 그 경험을 바탕으로 어떤 일에 어떤 의미를 부여할지 결정하고 그에 맞는 반응을 하는 것이죠.

두 번째. '추론' 렌즈

추론 렌즈는 행간을 읽어 여러 정보를 충분히 반영하여 다른 일을 미루어 추측하거나 결론에 이르는 모든 과정을 뜻해요. 인지 이론에서 보는 '추론'은 자신을 중심에 두고 있어요. 이를테면 '만약 이것이 진실이면, 나와는 무슨 상관일까? 나에게는 어떤 의미를 지닐까?' 같은 것이죠. 다시 말하지만 우리가 살면서 겪는 모든 경험이 이 추론 렌즈에 색을 칠하고 종종 현실을 제대로 보지 못하게도 한답니다.

세 번째. '인지 왜곡(비이성적 사고 바이러스)' 렌즈

우리는 이미 6장에서 여러 인지 왜곡을 알아보았어요. 여러분은 이 인지 왜곡들을 줄줄 꿰도록 익혀서 머릿속에 비이성적인 생각이 떠오를 때마다 어떤 인지 왜곡인지 스스로

알아차려야 해요. 그 인지 왜곡들이야말로 여러분이 현실을 해석할 때 마음에 불안과 걱정을 가져오는 주범이니까요. 인지 왜곡은 우리의 지각을 흐리게 만듭니다. 비이성적인 생각을 계속하게 하고 그것을 현실로 믿게 하지요.

한 가지 더 강조할 것이 있어요. 지금까지 제가 소개한 새로운 지식만큼이나 중요한 것이죠. 이 책에는 '긍정적 단언'이 등장하지 않는다는 점이에요. 긍정적 단언이란 어떤 목표를 이미 성취한 상태에 있는 것으로 묘사한 말들이에요. 예컨대 혼자 거울을 바라보며 되뇌이는 그런 오글거리는 말들이요. "난 이 우주가 낳은 아이야. 나는 특별해! 그리고 있는 그대로의 내 모습을 사랑해."

흠… 생각만 해도 온몸에 닭살이 돋아요. 저는 이런 말을 '달콤한 헛소리'라고 불러요. 만약 저런 식의 사고가 가능한 사람이라면, 이 책은 별로 도움이 안 될 거예요.

인지행동치료법은 부정적인 사고 회로는 그대로 둔 채 그 위에 긍정적 생각만 덧붙인 다음, 두 손을 모아 '자, 이제 다 좋아질 거야'라고 기도하는 것이 아니에요. 인지행동치료법을 사용하면 사고 자체가 좀 더 긍정적으로 변해요. 그렇게 사고가 변화하는 것이 여러분의 삶에 현실적이고 건설적인 도움이 될 거예요.

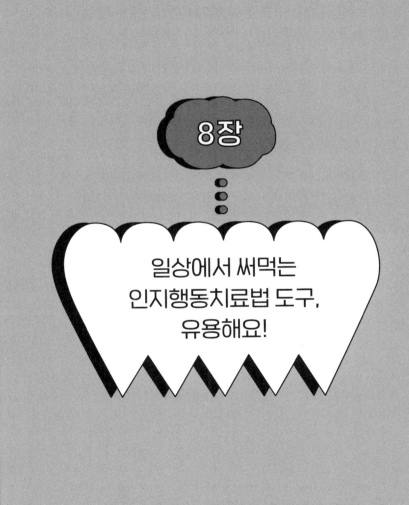

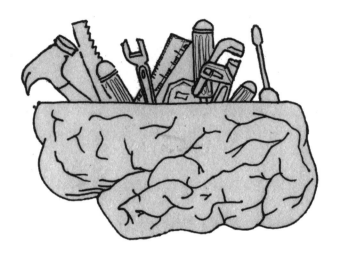

인지행동치료법

· 도구 상자 ·

이제 실생활에서 바로 사용할 수 있는 인지행동치료법 도구들을 소개하겠습니다. 첫 번째 도구는 '생각 기록장'이에요. 생각 기록장은 앞서 배운 ABC모델을 기초로 하되, '인지 왜곡' 항목이 추가돼 있어요. 일기와 비슷하지만 똑같지는 않아요. 그럼 지금까지 배운 것을 적용해 보면서 생각 기록장을 함께 써 봅시다. 먼저 종이 한 장을 꺼내 세로로 네 칸을 나눈 다음 제일 윗 칸에 각각 A, B, C, D라고 쓰세요.

A : 선행 사건 (발생한 상황 혹은 사건)

A칸에는 하루 동안 여러분을 힘들게 한 사건들을 기록하

세요. 감정은 배제하고 사실만 써야 해요. 처음엔 힘들 수 있어요. 생각과 감정을 분리하는 법을 배우는 데에는 시간이 좀 필요하니까요. 초반에는 두 가지를 좀 섞어서 쓴다고 해도 괜찮아요. 신경 쓰지 마세요.

7장에서 한 영화 이야기를 다시 떠올려 볼까요? 같이 영화를 본 친구는 영화 보는 내내 여러분이 쿨쿨 잠만 잤다는 걸 알아차렸어요. 친구는 불쾌하고 속이 상했죠. 집으로 돌아간 친구는 자신의 감정을 정리하기 위해 생각 기록장을 썼어요. 잘못된 기록 예시를 들어 보겠습니다.

잘못된 사건 기록

"오늘 절친과 영화를 보러 갔다. 그런데 친구는 내내 잠만 자느라 영화는 쳐다도 안 봤다. 짜증 나 죽을 뻔했다. 그 애는 무례하고 무신경한 데다가 내 감정 따윈 신경도 안 썼다."

이 글은 감정과 인지 왜곡으로 가득 차 있어요. (독심술 오류, 부정적 정신 여과, 개인화, 감정적 추론) 사건에는 반드시 사실 정보만

A	B	C	D
선행 사건 (Activating event)	신념 (Belief system)	결과 (Consequences)	인지 왜곡 (Thought viruses)
• 실제 사건/현실 • 사건의 즉각적 해석	• 사건의 평가 • 합리적 신념 • 비합리적 신념	• 감정 • 행동 • 신체 감각	• '신념'에 영향을 준 비이성적 사고 바이러스

생각 기록장

적어야 해요. 사건이란 실제 일어난 일이지, 그에 대해 어떻게 느끼느냐가 아니에요. 무슨 말인지 모르겠다고요? 올바른 기록은 다음과 같습니다.

올바른 사건 기록

"절친과 영화를 보러 갔다. 절친은 잠이 들었다."

차이점이 보이죠? A칸에는 이렇게 오직 사실만 적어요!

B : 신념 (자동적 사고)

다음은 B, 신념을 쓸 차례입니다. 어렵지 않아요. 그냥 사건을 겪을 때 바로 떠오른 생각을 적는 거예요. 하지만 대부분의 사람들은 C(결과)로 먼저 가서 감정부터 적고 싶어 해요. 사람들이 C를 더 쉽게 여기는 이유는 사건이 발생한 뒤 감정이 순식간에 솟아나기도 하지만, 대체로 기록하는 동안 가장 압도적으로 느껴지는 부분이기 때문이에요. 또 생각보다 감정이 먼저 나타난다고 여기는 경우도 많고요.

저는 사람들에게 화나는 일이 생겼을 때 무슨 생각이 들었냐고 자주 물어요. 그러면 보통 이렇게들 대답해요. "아무 생각도 안 나요. 그냥 열이 확 받죠!" 그렇게 느낄 순 있지만 과학적으로는 사실이 아니에요.

다시 한번 강조하지만 B에는 사건이 일어났을 때 즉각적이고 자동적으로 떠오른 생각을 모두 기록하세요. 중요한 것은 이 생각들을 스스로 검열하지 않아야 한다는 점이에요. 그래야 어떤 식으로 생각해야 한다고 자신이 믿는 내용이 아니라 내가 실제로 어떻게 생각하고 있는지를 정확히 판단할 수 있어요.

적어 놓은 생각들을 보고 '미친 거 아니야?' 하며 지워 버리고 싶은 유혹도 견뎌야 해요. 이렇게 생각을 글로 적으면 자기 생각의 비합리적인 면을 직접 마주하며 긍정적인 변화를 이끌어 낼 수 있어요.

따라서 떠오른 생각은 남김없이 최대한 많이 적어야 해요. 기억하세요! 아무리 어처구니없고 비이성적으로 보여도 상관없어요. 바로잡아야 할 상대가 바로 그 비이성적 사고이므로 그런 생각은 한 적 없는 척하면 안 돼요.

가장 중요한 건 생각을 기록으로 남기는 거예요. 자꾸 연습하다 보면 머릿속으로도 할 수 있어요. 하지만 처음엔 종이에(휴대폰 메모장도 좋아요) 적는 게 제일 좋아요.

C : 결과

C에는 사건의 결과로 나타난 감정, 신체 반응, 행동을 기록해요. 아래와 같이 먼저 자신이 느낀 감정을 적어 보세요.

기분 혹은 감정 (0-100%의 점수로 나타냄)

- 짜증이 난다.
- 좌절감을 느낀다.
- 아무도 나를 사랑하지 않는다.
- 속상하다.
- 불쾌하다.
- 화가 난다.

- 질투가 난다.
- 창피하다.
- 불안하다.

그리고 그 옆에 자신의 감정이 0에서 100%까지 중 어느 정도인지 점수를 매겨 보세요. 이것을 **주관적 고통 지수(SUDs : Subjective Units of Distress)**◆라고 해요.

만약 어떤 감정을 특히 강하게 느꼈다면 그 감정 옆에 99%라고 적어요. 이렇게 특정 감정을 얼마나 크게 느끼는지 판단하는 기준을 마련할 수 있어요. 이를 '주관적 고통 지수'라 부르는 이유는 어떤 상황에 대한 개인적인 감정의 정도이기 때문이에요. 과학적이거나 객관적인 측정 도구는 아니에요. 그러니 어떤 감정이 들어야 했는지, 같은 상황에서 남들은 어떤 기분이었을지는 걱정하지 마세요.

'우간다에서는 수백만 명이 굶어 죽어 가는데, 나는 이 따위 사소한 일로 이런 감정을 느끼다니 말도 안 돼.' 이런 생각이 들지도 몰라요. 죄책감에 시달리거나 바보 같은 기분이 찾아올 수도 있지만, 그 상황에서 실제 어떤 느낌이었는지 부인하거나 무시하면 자신의 감정이 끼치는 영향을 평가하고 그러한 감정을 만들어 내는 생각을 추적할 수 없어요. 어떤 감정을 느꼈는지 솔직하고 정확히 기록하세요.

그다음엔 여러분의 신체 감각과 행동 반응을 적어야 해요. 이를테면 당시에 몸에 어떤 감각이 느껴졌는지, 실제로 어떻게 반응했는지 같은 것들이죠. 아래에 적힌 것들은 투쟁, 도피, 경직 반응이 일어날 때 느껴지는 여러 신체 감각들이에요. 아마도 이 중 몇 가지는 경험해 보았을 거예요.

신체 감각 (몸)

- 심장이 쿵쿵 뜀
- 다리에 힘이 풀림
- 땀이 나거나 몸이 부들부들 떨림
- 현기증 / 머리가 띵함
- 머릿속에 온갖 생각이 폭주함
- 숨 가쁨

- 구역질 / 식욕 없음
- 침 삼키기 힘듦
- 눈앞이 흐려짐

이런 반응이 일어났다면 반드시 C칸에 적어야 해요. 여러분의 몸이 어떤 상황에서 어떻게 반응하는지 알 수 있게 해 주거든요. 이러한 신체 증상은 여러분의 마음이 불안 혹은 고통을 느끼기 시작했다는 걸 알려 주는 신호입니다.

행동

C칸에는 상황에 반응하여 여러분이 어떤 행동을 했는지도 기록하세요. 예를 들면 '문을 쾅 닫았다' '휴대폰 전원을 껐다' '입을 다물었다' '뭔가를 집어던졌다' '걱정을 시작했다' 등이에요. (걱정은 사고의 과정이긴 하지만 행동으로 간주되기 때문에 C칸에 넣어요.)

D : 인지 왜곡

D는 앞서 기록한 생각에 어떤 인지 왜곡이 발생했는지 적는 곳이에요. 다시 영화 이야기로 돌아가 볼게요. 그중 '그 애는 내 감정 따윈 신경도 안 썼다'라는 생각에는 독심술 오류, 부정적 정신 여과, 개인화, 감정적 추론이라는 인지 왜곡이 들어가 있지요. D칸에는 이런 왜곡들을 적어 넣는 거예요.

이런 식으로 특정 상황에 대해 생각 기록장을 작성하면, 비이성적 사고의 방아쇠를 당긴 사건 발생 직후부터 현재 여러분이 생각하고 반응하는 원리와 방식들을 모두 눈앞에 펼쳐 볼 수 있어요. 또한 비이성적 사고 회로에 제동을 걸어 고통을 줄이는 데 필요한 모든 정보를 습득할 수 있어요. 게다가 서로 다른 요소들이 어떻게 상호 작용하는지도 한눈에 알아볼 수 있지요.

완성된 생각 기록장의 예

다음은 실화를 바탕으로 한 생각 기록장의 예시입니다.

A : 선행 사건

처음으로 애인의 어머니와 점심 식사 약속을 잡음

B : 신념(자동적 사고)

난 절대 잘 해낼 리가 없어.

어떻게 해도 좋은 인상을 못 줄 거야.

할 말도 다 까먹고 말도 막 더듬겠지.

얼굴이 새빨개질 테니 그 사람 어머니가 불타는 고구마 같은 내 얼굴을 알아차리실 거야.

그럼 그분은 '어쩌자고 우리 애는 문장 하나도 똑바로 못 만드는 이런 덜떨어진 불타는 고구마랑 사귀는 걸까? 더 괜찮은 사람을 만나야 해'라고 생각하시겠지.

나는 아무말 대잔치를 벌일 테고 그 사람 어머니는 황급히 자리를 마무리하려 하실 거야.

나더러 먼저 일어서라고 눈치를 팍팍 주면서 다시는 내게 눈길조차 안 주겠지.

생애 최악의 날이 되고 말 거야! 이런 상황 정말 못 견디겠어!

C : 반응

(0-100%의 점수로 나타낸) 감정 혹은 기분

불안 90%

두려움 60%

수줍음 50%

쪽팔림 80%

신체 감각 (몸)

복통, 두통

심장이 쿵쿵 뜀

숨 가쁨

얼굴이 불타오름

행동

걱정

상황을 회피할 구실을 찾음

대화를 피함

D : 발생한 인지 왜곡

'난 절대 잘 해낼 리 없어. 어떻게 하더라도 좋은 인상을 못 줄 거야.'

→ 점쟁이 오류, 독심술 오류, 부정적 정신 여과, 과잉 일반화, 이분법적 사고

'할 말도 다 까먹고 말도 막 더듬겠지.'

→ 점쟁이 오류, 부정적 정신 여과

'얼굴이 새빨개질 테니 애인 어머니가 불타는 고구마 같은 내 얼굴을 알아차리실 거야.'

→ 점쟁이 오류, 독심술 오류, 개인화, 부정적 정신 여과

'그럼 어머니는 '어쩌자고 우리 애는 문장 하나도 똑바로 못 만 드는 이런 덜떨어진 불타는 고구마랑 사귀는 걸까? 더 괜찮은

사람을 만나야 해'라고 생각하시겠지.'

→ 독심술 오류, 점쟁이 오류, 부정적 정신 여과, '해야 한다' 사고, 감정적 추론

'나는 아무말 대잔치를 벌일 테고 애인 어머니는 황급히 자리를 마무리하려 하실 거야.'

→ 점쟁이 오류, 부정적 정신 여과, 독심술 오류, 인지적 추론

'나더러 먼저 일어서라고 눈치를 팍팍 주면서 다시는 내게 눈길조차 안 주겠지.'

→ 점쟁이 오류, 독심술 오류, 이분법적 사고, 감정적 추론, 부정적 정신 여과

'생애 최악의 날이 되고 말 거야! 이런 상황 정말 못 견디겠어!'

→ 파국화, 점쟁이 오류, 부정적 정신 여과

아, 온몸에 힘이 다 빠지는 것 같아요. 이런 감정이 든다면

두 번 다시 그 누구와도 점심을 못 먹지 않을까요? 여기서 우리가 기억해야 할 것은 사실 애인 어머니는 아직 만나지도 않았다는 거예요. 이런 모든 생각이 사실을 앞질러서 불안을 만들어 낸 것이죠.

걱정이란 이런 거예요. '이러면 어떡하지? 나중에 또 그러면 어떡하지? 만약 그런 일이 일어난다면 대재앙이 되고 말 거야.' 이런 식으로 어떤 사건을 미리 예상하며 불안을 느끼는 것이죠. 이러다 보면 변명거리를 만들어 상황을 회피하려는 욕구가 생기고, 뜬 눈으로 밤을 새우며 두려움 속에 살게 돼요. 여러분의 상상 속 말고는 어디에서도 벌어지지 않은 일을 두고 말이에요.

> 걱정 = 부정적이고 파멸에 이르는 결과를 예측하는 일

이 이야기에서 보듯 부정적이고 비이성적인 사고는 우리의 마음에 굉장히 다양한 방식으로 강력한 영향을 끼치고 있어요.

인지행동치료법의 또 다른 도구들

옆의 표를 사용하면 자신의 생각이 이성적인지 점검해 볼 수 있어요. 판단의 기준이 되는 중요한 체크 포인트들이 모두 있어서, 이에 맞춰 질문을 던지다 보면 부정적 자동적 사고를 멈출 수 있어요. 앞에서 개인화 인지 왜곡을 알아보며 익힌 부정적 자동적 사고, 기억나시죠? 표를 보면서 내 생각 속에 등장한 인지 왜곡을 살펴보고 그것이 얼마나 비이성적인지 체크해 보세요.

재귀인(인지 재구성) 하기

재귀인이 뭐냐고요? 사건에 다른 원인이 있는지 생각해 보는 거예요. **인지 재구성**⁺이라고도 부르는 이 과정은 이 책에서 다루는 여러 내용 가운데에서도 무척 중요해요. 비이성적 사고 바이러스를 찾아내고 그에 반박하는 법을 배우는 과정이니까요.

재귀인은 쓸모없는 생각을 했을 때 그 생각이 틀렸음을 스스로 깨닫게 해 줍니다. 여러 인지 왜곡에 익숙해지는 것이 중요한 이유가 바로 여기에 있어요. 그래야 왜곡이 일어났을 때 알아챌 수 있으니까요.

비이성적 사고 점검표

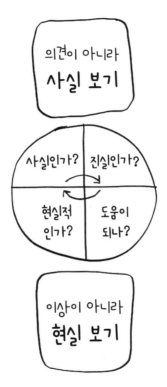

의견이 아니라
사실 보기

사실인가? 진실인가?

현실적
인가? 도움이
되나?

이상이 아니라
현실 보기

이성적 사고를 하고 싶다면 이렇게 질문해 보세요.

내 생각은 사실, 진실, 현실에 뿌리를 두고 있을까?

이 생각이 나에게 도움이 될까?

점검표 적용하기

머릿속에 인지 왜곡이 일어났다면 아래의 점검 질문과 대답을 보며 비이성적 생각을 반박해 보세요.

- **점쟁이 오류** :

  미래의 일을 예측할 수 있다는 것이 사실인가? 아니지!

- **독심술 오류** :

  정말 다른 사람의 마음을 읽을 수 있을까? 아니!

- **부정적 정신 여과** :

  현실의 모든 일이 나쁘게만 끝날까? 그렇진 않아!

- **파국화** :

  얼굴이 새빨갛게 달아오른다고 해서 그게 현실에서 나에게 벌어질 수 있는 최악의 상황일까? 아니!

- **인지적 추론** :

  내가 사실이라 믿는다고 그게 정말 진실일까? 아니야! 믿음은 사실이 아니니까.

- **감정적 추론 :**

  무언가를 예측하고 그 결과로 어떤 감정을 느낀다고 해서 그것이 진실일까? 아니지! 감정은 사실이 아니니까.

- **이분법적 사고 :**

  얼굴이 새빨갛게 달아오르면 남들이 이상하게 볼 거란 생각은 사실일까? 사실이 아니야!

- **'못 견디겠어' 오류 :**

  날 안 좋아할 수도 있는 사람을 만나는 일은 힘들지. 하지만 내가 이것보다 힘든 상황을 한 번도 안 겪어 봤을까? 아니, 수도 없이 겪었지. 그러니까 '난 이런 상황은 못 견뎌'라는 말은 진실이 아니야. 그런데 아직 일어나지도 않은 상황을 두고 이런 식으로 생각하는 게 도움이 될까? 그럴 리가!

이성적 사고는 비이성적 사고를 멈춰 줍니다. 기억하세요. 여러분의 사고가 단단히 뿌리내려야 할 장소는 바로 이성이에요.

이성에 뿌리내린 사고 = 진실 & 사실 & 현실 & 도움이 됨

반면 비이성적 사고와 신념은 이성적 사고와 뿌리내린 곳이 달라요. 비이성적 사고는 의견에, 신념은 이상에 바탕을 두고 있죠.

다시 점심 식사 약속 사건을 기록한 생각 기록장으로 돌아가 봅시다. 설령 애인의 어머니가 정말로 애인에게 "다시는 그런 애 데리고 올 생각도 말아라. 어디 모자란 애 아니니? 너랑 수준이 맞는 애를 찾아야지"라고 말했다고 해도 그건 그 어머니의 의견일 뿐이지 사실이 아니에요.

그 어머니가 자기 애는 왕족이랑 사귀어야 한다고 생각하더라도 그건 그 어머니가 꿈꾸는 이상일 뿐이지 현실이 아니고요.

이제 지금까지 이해한 내용을 바탕으로
부정적 자동적 사고를
이성적 사고로 바꾸는 마법을 부려 봅시다!

이성적 대안 생각해 보기

'난 절대 잘 해낼 리 없어. 어떻게 하더라도 좋은 인상을 못 줄 거야.'

→ 대안: 잘됐으면 좋겠어. 새로운 사람을 만나면 어색할 수도 있지. (긍정적 기대, 진실)

'할 말도 다 까먹고 말도 막 더듬겠지.'

→ 대안: 내가 좀 깜빡깜빡하는 면이 있지. 더듬거릴 것 같으면 심호흡할 수 있게 미리 연습을 해야지. (진실, 도움이 됨)

'얼굴이 새빨개질 테니 애인 어머니도 불타는 고구마 같은 내 얼굴을 알아채실 거야.'

→ 대안: 내가 종종 얼굴이 빨개지긴 해. 그런데 그런다고 큰일 나? (진실, 도움이 됨)

'그럼 어머니는 '어쩌자고 우리 애는 문장 하나도 똑바로 못 만드는 이런 덜떨어진 불타는 고구마랑 사귀는 걸까? 더 괜찮은

사람을 만나야 해'라고 생각하시겠지.'

→ 대안: 지금 만나는 사람이랑 내가 잘 안될 수도 있겠지. 하지만 잘될 수도 있잖아. (현실적)

'나는 아무말 대잔치를 벌일 테고 애인 어머니는 황당해하면서 황급히 자리를 마무리하려 하실 거야.'

→ 대안: 자연스럽게 대화에 참여하도록 최선을 다해야지. (긍정적 목표)

'나더러 먼저 일어서라고 눈치를 팍팍 주면서 다시는 내게 눈길조차 안 줄 거야. 생애 최악의 날이 되고 말 거라고!'

→ 대안: 지금까지 이것보다 어색한 상황을 수없이 겪었지만 결국 잘 이겨 냈잖아. (사실, 진실, 도움이 됨)

'생애 최악의 날이 되고 말 거야! 이런 상황 정말 못 견디겠어!'

→ 대안: 기껏해야 불편한 상황일 뿐이고, 난 잘 견뎌 낼 거야. (도움이 됨)

이성적 사고에 집중하면 여러분의 주관적 고통 지수가 90%에서 30~40% 정도로 떨어질 거예요. 이 정도 수준이면 감당하기 훨씬 수월해지고, 더 이상 무섭고 두려운 비이성적 감정도 느껴지지 않아요. 앞으로 비슷한 어떤 상황을 마주하더라도 괜찮을 테고요.

9장

알아 두면 쓸모 있는
유용한 도구 사전

생각 기록장 쓰기는 유용한 훈련입니다. 꾸준히 기록하다 보면 마음에 대한 이성적 접근이 점점 체계적으로 이루어지는 것을 스스로 확인할 수 있어요. 일과를 다 마친 시간, 또는 사건이나 자극을 인식하는 과정에서 끔찍한 일이 벌어져서 마음이 무너지기 시작했다면 생각 기록장을 최대한 빨리 기록하세요. 하지만 당장 쓰기 힘든 상황도 있겠죠. 지금부터 언제 어디서나 사용 가능하고, 이해하기도 쉬운 다른 방법들을 소개할게요.

탈파국화

앞에서 파국화에 대해 이야기한 적이 있었죠? 이 기법은

'만약 이런 상황이라면 어떨까?'라는 질문을 던져서 상황이 파국화되는 것을 재빨리 막는 방법입니다.

애인 어머니를 만나는 시나리오를 다시 떠올려 볼까요? 이야기 속 주인공은 스스로에게 주관적 고통 지수(SUDs) 90%에 해당하는 마음의 상처를 입혔어요. 주인공의 사고 회로를 생각해 보면 당연한 수치죠.

만약 이 사람이 제 상담실에 찾아온다면, 저는 이렇게 말할 거예요. "좋아요, 그럼 당신의 감정이 어느 정도인지 떠올려 보세요." 현재 이 사람의 감정은 다음 페이지에 나오는 아이스크림 그림과 비슷할 거예요. 그리고 저는 이 사람에게 이렇게 상상해 보라고 할 거예요. 저와 상담을 끝내고 나가려는데 부모님이 차 사고를 당해서 돌아가실 뻔했다는 전화를 받았다고 말이죠. 편의상 이 사람을 '불타는 고구마'라고 부를게요.

나 만약 이런 경우라면 고통 지수에 몇 점을 매길 건가요?

불타는 고구마 100% 이상이죠.

나 0에서 100% 사이에서 골라야 해요.

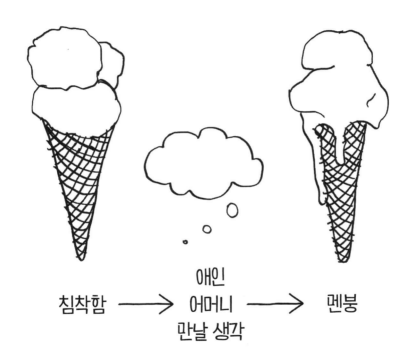

침착함 → 애인
어머니
만날 생각 → 멘붕

불타는 고구마   그렇다면 100%요.

나   그래도 목숨은 건졌잖아요.

불타는 고구마   그러네요. 그럼 99%요.

나   이제 애인 어머니와 점심 먹는 상황으로 돌아가 보세요. 몇 점을 줄 건가요?

불타는 고구마   훨씬 낮을 것 같은데요. 기껏해야 40% 정도요.

자, 이처럼 점심 식사 약속과 그 만남이 엉망이 되리라는 공포가 50%나 줄었어요. 마법 같죠? 탈파국화를 활용하면 이렇게 상황을 한 발짝 떨어져 바라볼 수 있어요. 그 결과 고통 지수를 떨어뜨릴 수 있고요.

어떤 일이 벌어지고 난 후 마음이 괴롭다면 혹은 어떤 상황을 앞두고 불안이 스멀스멀 피어오른다면 스스로에게 이런 질문을 던져 보세요.

> 현실적으로 이것은 얼마나 심각한 상황일까?

이 질문을 종이에 적어 지갑에 넣고 다니거나 휴대폰 배경 화면에 써 두어도 좋아요. 필요할 때마다 꺼내 보며 현실에 근거해 판단해야 한다는 사실을 떠올려 보세요.

이렇게 도움이 되는 질문을 글로 적거나 휴대폰에 남겨서 지니고 다니는 것은 파국화를 막는 효과적인 방법이에요. 흔히 플래시 카드 요법이라고 부르죠. 조금 더 자세히 살펴볼까요?

플래시 카드 요법

플래시 카드는 유용한 '휴대용' 도구예요. 생각이나 감정에 대해 되새겨 볼 질문이나 개념을 작은 카드에 적어 지갑이나 가방 속에 넣고 필요할 때마다 꺼내 보세요. 앞서 말한 대로 휴대폰을 활용해도 좋고요.

여러분이 만약 특정한 비이성적 사고방식을 되풀이하고 있다면 특별한 주의를 기울여야 그 습관을 바꿀 수 있어요. 하루에 서너 번, 한 번에 적어도 15초씩 카드를 들여다보세요.

15초는 여러 연구에서 권장하는 시간이에요. 그냥 쳐다보고 돌아서면 잊어버리는 게 아니라 뇌가 생각을 저장할 수 있도록 시간을 주는 것이랍니다. 뇌에 새로운 사고 경로를 만들어 생각이 그쪽으로 흐를 수 있는 스위치를 켜는 과정이죠. 플래시 카드 요법을 계속하다 보면 부정적이고 비이성적인 생각이 순식간에 떠올랐듯이 이성적인 생각에도 순식간에 접근할 수 있어요.

여러분에게 도움이 될 만한 질문을 몇 가지 소개할게요. 이 말들을 카드로 만들어 들고 다녀도 좋고(책 뒤에 잘라서 쓸 수 있는 플래시 카드 코너가 있어요. 193쪽 참고), 카드 뒷면에 여러분의 생각을 자유롭게 적어도 좋아요. 이 책을 읽으며 깊이 공감했던 말을 써도 괜찮고요.

"현실을 바꿀 순 없다. 하지만 생각하는 법을 바꾸면 현실에서 느끼는 감정은 바꿀 수 있다."

- -

"잘못된 생각도 진실처럼 느껴질 수 있다. 하지만 감정 때문에 틀린 생각을 사실로 착각해서는 안 된다."

- -

"어떻게 생각하는지가 어떻게 느끼는지를 결정한다."

"내 감정은 내가 만들어 낸 것이다.
 다른 사람이나 현실은 내 감정에 책임이 없다."

"위험으로 인지한 모든 일들이
 실제로 생명을 위협하는 것은 아니다."

"이런 생각이 나를 어디로 이끌까?"

"이 생각이 내게 도움이 될까?"

"감정은 팩트가 아니다. 신념은 팩트가 아니다."

"고통이 불편할 순 있지만 그렇다고 죽지는 않는다.
 숨 한번 크게 쉬고 잘 이겨 내 보자."

"사실 VS 의견

현실 VS 이상

진실일까? 도움이 될까?"

특히 마지막 질문은 157쪽에서 소개한 비이성적 사고 점검표를 간략하게 요약한 것이에요. 자기 생각을 확인해야 할지 갈피가 안 잡힐 때 꺼내서 보면 도움이 될 거예요. 의견과 이상은 비이성적 사고의 기반이 된다는 점을 항상 기억해 두시고요.

- **사실 VS 의견**
  누군가 여러분에게 부정적인 의견을 말한다고 해서 그것이 사실은 아니에요.
- **현실 VS 이상**
  남들이 여러분에게 이건 이렇게 '해야 한다'고 말해도 그건 그 사람들의 이상일 뿐, 현실 세계가 반드시 그런 것도 아니고 진실도 아니에요.

- 진실일까? 도움이 될까?

  누군가 여러분에 대해 한 험담이 자꾸만 머릿속을 맴돈다면 이렇게 생각해 보세요. '이렇게 생각을 곱씹는 것이 내게 도움이 될까?'

불안을 줄이는 호흡법

불안이 갑자기 찾아올 땐 호흡을 잘하면 엄청나게 도움이 돼요. 숨이야 항상 쉬는 것인데 무슨 소리냐고요? 사람은 불안하면 숨을 참는 경향이 있거든요. 그러면 모든 상황이 악화되지요. 불안할 땐 이렇게 해 보세요.

1단계 : 숨을 참은 상태에서 6까지 세요.

　　　　　　다만, 숨을 크게 들이쉬지는 마세요.

2단계 : 내뱉어요.

3단계 : 3까지 세며 숨을 들이쉬어요.

4단계 : 3까지 세며 숨을 내쉬어요.

5단계 : 3까지 세며 들이쉬어요.

6단계 : 3까지 세며 내쉬어요.

1단계에서 6단계까지를 계속 반복해요. 호흡만으로도 불안을 잠재운 사람들이 아주 많아요!

마지막으로 한 가지 더!
비이성적인 사고를 멈추는 유용한 체크 리스트

항상 점검하세요. 지금 내가 혹시…

☐ 독심술 오류를 저지르는 건 아닐까?

☐ 성급한 결론을 내리는 건 아닐까?

☐ 내 생각만 가능성 있는 일이라고 단정하는 건 아닐까?

☐ 상황의 어두운 면에만 집중하는 건 아닐까?

☐ 재앙이 발생할 확률을 과대평가하는 건 아닐까?

☐ 나에게나 남에게나 완벽하길 바라는 건 아닐까?

☐ 한 가지 사건만 가지고 나를 (혹은 남을) 지나치게
　　매도하고 낙인찍는 건 아닐까?

☐ 이중 잣대를 들이댄 건 아닐까?

☐ 상황을 있는 그대로 받아들이지 않고
　　'이래야만 하는데'에 갇혀 걱정하는 건 아닐까?

☐ 이분법적 사고로 판단하는 건 아닐까?

☐ 머릿속으로 ('해야만 해, 하지 않으면 안 돼' 같은)
　　극단적인 말을 사용하고 있는 건 아닐까?

오래전에 정말 훌륭한 신경언어프로그래머가 진행하는 교육에 참가한 적이 있어요. '신경언어프로그래밍'이란 생각하는 법, 생각의 언어를 연구하는 일이에요. 그분이 제게 들려준 이야기 하나를 소개해 드릴게요. 머릿속으로 풍경을 그려 보세요.

여러분은 갈림길에 서 있어요. 왼쪽으로는 늘 다니던 길이 있어요. 매우 깔끔하게 정돈돼 있어서 단 몇 분이면 아래쪽까지 내려갈 수 있어요. 발을 헛디디거나 미끄러질 위험도 없지요. 길에는 작은 계단도 놓여 있고 잠시 쉬어 갈 수 있는 벤치도 있어요. 길가의 나무들은 깔끔하게 가지를 쳐서 지나가다 머리카락이 걸릴 염려도 없어요. 거미줄도 모두 깨끗이 치웠고 바퀴벌레 한 마리 보이지 않아요.

여러분은 왼쪽 길을 통해 미끄럼틀을 타는 어린아이처럼 "우아아!" 소리를 지르며 신나게 내려와요. 하지만 도착한 곳은 고약한 냄새가 코를 찌르는 야외 쓰레기장 앞이에요. 비둘기들이 쓰레기 더미를 뒤지고, 여기저기 똥을 찍찍 갈기며 여름철 쓰레기장에 악취를 더하고 있어요.

눈 감고도 갈 수 있는 길이니 목적지에 도착하는 데 시간이

생각의 갈림길!

오래 걸리지는 않았어요. 그런데 이곳이 갈 만한 가치가 있는 곳인가요? 전혀 그렇지 않아요!

다시 갈림길로 올라가 볼게요. 여러분의 오른쪽에는 다른 길이 있어요. 내려가는 길이 무척 불편해서 그렇게 자주 다니진 않는 길이에요. 휘청휘청 걸어가다 주욱 미끄러지거나 발도 헛디뎌요. 머리카락에는 뭐가 자꾸 걸리고요. 사방이 거미줄 천지네요. 윽! 이게 무슨 고생이에요? 왼쪽 길에 비하면 너무 힘들어요. 하지만 마침내 길 끝까지 내려가 보면… 감탄이 절로 나오는 아름다운 폭포가 나와요. 여러분은 물 위에 몸을 둥둥 띄운 채 뿌듯하며 행복에 취해요.

_____ 이야기의 속뜻

무슨 이야기인 줄 짐작하셨죠? 맞아요. 이 이야기는 우리의 뇌가 어떻게 생각의 길을 만들고, 우리는 그중 어떤 생각을 선택하는지 비유적으로 설명한 거예요. 한마디로, 부정적 사고방식이라는 익숙한 길을 따라가면 우리 마음은 결국 쓰레기 같은 감정에 도착한다는 뜻이에요. 자신을 비하하고 능력을 의심하며 스스로에게 패배자라는 오명을 씌우죠. 물론 정말 눈 깜짝할 사이에 별 노력 없이 그 결론에 다다를 수 있지만, 도착지에서 여러분이 마주하는 쓰레기들을 생각하면 빠른 속도는 절대 장점이 아니랍니다.

반면 잘 안 다니는 길을 선택했을 때 어떤 일이 벌어졌는지 보세요. 물론 노력이 더 필요했지만 보상은 훨씬 컸어요. 이 길은 이성적 사고방식을 뜻합니다. 더 험한 길을 선택하면서 여러분은 자신의 생각 습관에 제동을 걸었고, 비이성적인 생각과 맞서 싸웠어요. 이성적 사고방식은 평화로운 마음을 만들어 줘요. 그러니 한 번 생각해 보세요. 여러분은 어떤 생각의 길을 선택할 건가요?

> 자신의 사고방식을 스스로 선택하세요.
> 쓰레기 같은 생각에 맞서 싸워 봐요!
> 자신을 더 나은 결과로 이끌 생각을 택하세요.
> 여러분을 세상에 적응하도록 돕는 사고방식 말이죠.

생각하는 법을 알면 감정을 바꿀 수 있다.

제가 이 책을 쓴 목적은 여러분이 이 말을 실천하는 데 도움을 주기 위해서예요. 지금까지 배운 지식을 활용해 자신감을 갖고 자신의 감정을 관리해 보세요. 우리의 마음은 생각으로 작동됩니다. 생각하는 법을 알면 감정도 바꿀 수 있죠. 만약 여러분이 이 말을 명심하고 이해하며 살아간다면 삶이 조금 쉬워질 거예요. 이걸 실천할 수 있느냐 없느냐는 여러분이 세상 속 자신의 모습을 어떻게 생각하느냐에 달려 있고요.

물론 이 책이 모든 해답을 주진 못해요. 하지만 여러분의 마음에 아주 작은 변화라도 일으킬 계기가 되면 좋겠어요. 그럼에도 정말 너무 힘이 들고 마음이 괴롭다면 전문가의 도움을 받기를 강력히 권합니다.

세상은 늘 똑같아요. 변화는 좋은 쪽으로든 나쁜 쪽으로든 일어나지만 결국 현실은 항상 그대로 있죠. 어려움에 적응하고 견딜 수 있도록 생각하는 방식을 다듬고 연습하면 현실이라는 통제 불가능한 짐승을 더 잘 다룰 수 있게 돼요. '생각하는 법을 알면 감정을 바꿀 수 있다'는 철학으로 철저히 무장하면 가능한 일이에요.

꼭 기억하세요. 인생에는 좋은 일도 있고 나쁜 일도 모두 있어요. 그 누구도 그걸 피할 수는 없어요. '당연하다' '그럴 리 없다' 같은 말은 잊어버리세요. 이 세상에 그런 말은 적용되지 않아요. 당연한 일들만 일어난다면 어째서 착한 사람들에게 나쁜 일이 벌어지겠어요?

그리고 냉정히 말하면 여러분은 세상을 바꾸지 못해요. 그런 사람은 거의 없어요. 우리 대부분은 각자 할 수 있는 최선의 방법으로 세상을 살아가는 것이죠.

정신분석가 아나 프로이트는 유명한 말을 남겼어요. "열망이 충족되지 않더라도 놀라지 마라. 그것이 인생이다."

세상을 바꾸지 못해도 괜찮아요. 가능한 때에 가능한 곳에서 가능한 일을 하면 돼요. 여러분이 성취한 것이 화목한 가정을 이루고, 소중한 친구들을 곁에 두고, 힘 닿는 곳에서 사람들을 도우며 때때로 맛있는 음식을 먹는 것이라 해도 그게 보잘 것 없는 인생은 아니잖아요?

신분의 상징 따위 필요 없어요.
비싼 차도, 명품 옷도 필요 없어요.
여러분만의 만족감을 찾으세요.
만족감이야말로 최고의 보물이니까요.
나머지는 그냥 보너스일 뿐이고요.

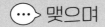 맺으며

여러분이 이 책을 통해 자신의 생각을 점검하며 불안, 걱정과 같은 부정적인 감정들을 다루는 법을 배웠기를 진심으로 바랍니다. 배운 지식을 적용하는 것은 여러분의 몫입니다.

저는 요즘 같은 힘든 세상을 살아가느라 지치고 불안한 여러분의 마음을 깊이 공감해요. 하지만 여러분이 느끼는 고통 혹은 '질병'의 아주 많은 부분은 여러분이 세상을 어떻게 인식하느냐와 관련이 있다는 걸 알았으면 좋겠어요. 세상이 만든 현실 때문이 아니라요.

이 책을 읽은 여러분이 세상의 현실과 그 부당함, 잔인함, 그리고 그 무심한 본질을 깨닫고, 마찬가지로 세상이 주는 기회와 아름다움, 장엄함도 누릴 수 있으면 좋겠어요. 인생이 여러분에게 무엇을 던지든 그것에 적응하는 법을 배우고, 이 책에서 배운 기술을 이용해 이 아름다운 대자연의 품에서 인생이라는 단 한 번의 기회를 즐기고 소중히 여기길 바랍니다.

"자연을 깊이 들여다보면 모든 것을 더 잘 이해할 수 있다."
— 알베르트 아인슈타인

- **감정적 추론**(emotional reasoning)

  사실이 아니라 감정 반응에 근거해 어떤 일을 진실이라고 결론짓는 일

- **개인화**(personalisation)

  부정적 상황이 발생했을 때 부당하게 자신을 탓하는 일

- **극대화**(magnification)

  어떤 사건의 의미나 중요성을 지나치게 확대하는 인지 왜곡

- **극소화**(minimisation)

  상황을 실제보다 중요하지 않은 것으로 여기거나 설명하는 일

- **과잉 일반화**(over-generalising)

  한 가지 결과를 미래의 모든 상황에 적용하거나 터무니없는 결론을 상
  상하는 일 (ex. '내 인생은 끝났어!' '난 이런 거 못 해.')

- **독심술 오류**(mind reading)

  대화나 증거 없이 다른 사람의 생각을 안다고 가정하는 일

- **부정적 자동적 사고**(negative automatic thinking)

  일상생활에서 즉각적으로 떠오르는 부정적 생각

- **부정적 정신 여과**(negative mental filter)

  어떤 상황의 부정적 부분에만 집중하는 일

- **불안**(anxiety)

  보통 어떤 사건을 앞두고 느끼는 걱정, 두려움 혹은 공황 상태를 일반
  적으로 이르는 용어

- **비이성적 사고 바이러스**(thought viruses)

  인지 왜곡과 같은 말로 비이성적이고 도움이 되지 않는 사고 패턴

- **사회 불안 장애**(social anxiety)

  다른 사람들이 자신을 부정적으로 평가하거나 판단할 것이라는 비이
  성적 두려움을 느끼는 상태

- **스트레인**(strain)

  어떤 상황에서 신체적 혹은 감정적으로 느끼는 압력이나 힘

- ◆ **우울증**(depression)

  슬픔 혹은 평소 즐기던 일에 흥미를 잃어버리는 등의 증상이 특징인
  질병

- ◆ **이분법적 사고**(all-or-nothing thinking)

  흑백 논리와 같은 말. 완전히 좋거나 완전히 나쁘거나 둘 중 하나이지,
  중간은 없다고 생각하는 일

- ◆ **인지 왜곡**(cognitive distortion)

  비이성적이고 도움이 되지 않는 사고 패턴

- ◆ **인지 이론**(cognitive theory)

  사고의 과정이 행동에 미치는 영향을 설명하는 이론

- ◆ **인지 재구성**(cognitive restructuring)

  부정적이거나 비이성적인 사고를 알아차리는 법을 배우는 과정

- ◆ **인지행동치료법**(CBT, Cognitive Behavioural Therapy)

  부정적이거나 비이성적인 사고 패턴 혹은 행동 습관을 교정하여 현실
  적이며 긍정적인 접근으로 바꾸는 심리 치료법

- ◆ **점쟁이 오류**(fortune telling)

  실제 가능성과 상관없이 결과를 부정적으로 예측하는 일

- **주관적 고통 지수**(SUDs, Subjective Unit of Distress)

  개인이 경험하는 스트레스의 정도를 측정하는 척도

- **지각적 필터**(perceptual filter)

  감정이나 신념 등을 바탕으로 세계를 왜곡하여 지각하는 방식

- **파국화**(catastrophising)

  상황을 실제보다 훨씬 심각한 것으로 여기거나 설명하는 일

- **편도체**(amygdala)

  감정을 처리하는 데 관여하는 뇌의 부위

- **후성 유전학**(epigenetics)

  DNA 서열 변화 없이도 유전자 발현의 패턴 등이 변화하고, 이것이 다음 세대로 유전되는 현상을 연구하는 학문. 이를테면 식습관, 노화, 가정 환경 등 DNA 염기 서열 외의 다른 요소들이 인간에게 어떤 영향을 끼치는지 연구함

- **흑백 논리**(black-and-white thinking)

  이분법적 사고와 같은 말. 모든 문제를 흑 아니면 백이라는 극단적인 방식으로 구분하는 것

"현실을 바꿀 순 없다.
하지만 생각하는 법을 바꾸면
현실에서 느끼는 감정은 바꿀 수 있다."

"잘못된 생각도 진실처럼 느껴질 수 있다.
하지만 감정 때문에 틀린 생각을
사실로 착각해서는 안 된다."

"어떻게 생각하는지가
어떻게 느끼는지를 결정한다."

"내 감정은 내가 만들어 낸 것이다.
다른 사람이나 현실은 내 감정에 책임이 없다."

"위험으로 인지한 모든 일들이
실제로 생명을 위협하는 것은 아니다."

"이 생각이 나를 어디로 이끌까?"

"이 생각이 내게 도움이 될까?"

"감정은 팩트가 아니다.
신념은 팩트가 아니다."

"고통이 불편할 순 있지만
그렇다고 죽지는 않는다.
숨 한번 크게 쉬고 잘 이겨 내 보자."

"사실 VS 의견

현실 VS 이상

진실일까? 도움이 될까?"